TDAH

Organización

y

Limpieza

Con Facilidad

Simplifica tus Tareas, Controla tu
Ansiedad, Aprovecha tu Hiperfocalización
y Mejora tu Función Ejecutiva
en Menos de 10 Minutos al Día

Papercuts Publishing

1ª edición 2025

Christian y Rasmus Mikkelson, Brian Chang y Ed Fahy:
Gracias por compartir sus conocimientos y experiencias, y por brindarme su apoyo incondicional mientras avanzaba en cada etapa del proceso de publicación.

R.T.: Gracias por creer en mí y por los innumerables recursos que me has proporcionado para que mis largas horas frente a la pantalla sean mucho más confortables. Mis ojos, mi espalda y mi bienestar corporal te estarán eternamente agradecidos. ¡Te quiero aún más!

L.S.: Usted inspiró este libro... ¡Espero que lo encuentre útil! Y, por supuesto, estaré encantada de ofrecerle un resumen y ayudarle a retomar el rumbo si se distrae. ¡Ardilla! ¡Jajaja!

Índice

Bonificación Extra

C omo agradecimiento especial por haber adquirido *TDAH: Organización y Limpieza Efectiva*, te ofrecemos **acceso gratuito** a 7 poderosas hojas de trabajo diseñadas para ayudarte a:

- **Conseguir grandes logros** dividiendo las tareas en pasos manejables.

- **Aprovechar la hiperfocalización** para afrontar incluso los desafíos más difíciles.

- **Superar la procrastinación** con una guía clara, paso apaso. **Controlar la ansiedad** utilizando técnicas de organización específicas para el TDAH de eficacia probada.

- **Crear hábitos sostenibles** para mejorar tu función ejecutiva.

Escanea el código QR que figura a continuación para reclamar tu bonificación y ¡toma el control de tu espacio y tu tiempo con facilidad! Esta es nuestra forma de empoderarte en tu camino hacia el éxito.

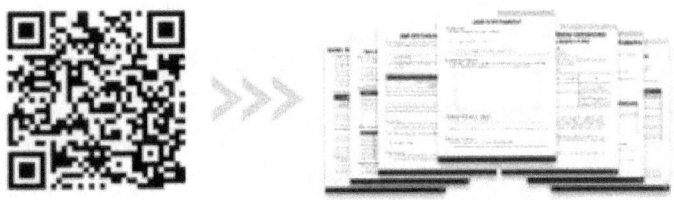

Introducción

¿Alguna vez te has sentido abrumado al observar tu escritorio desordenado o una pila de ropa sin clasificar? No eres el único. Muchos adultos con TDAH experimentan esta realidad a diario, donde el simple acto de organizar puede parecer una montaña demasiado alta para escalar. El desorden físico que te rodea refleja el torbellino que sientes en tu interior, transformando las tareas cotidianas en desafíos abrumadores.

Este libro se erige como tu aliado en la lucha contra este caos. Su estructura está diseñada para ofrecer estrategias prácticas y accesibles, específicamente adaptadas para individuos con TDAH, en términos de organización y limpieza, que son simples, eficientes y, primordialmente, realizables en menos de 10 minutos. El objetivo no es reformar toda tu vida de la noche a la mañana, sino fomentar pequeños cambios consistentes que, en conjunto, transformen tu espacio vital y, por ende, tu espacio mental.

El TDAH afecta a la función ejecutiva, la gestión del tiempo y la motivación de forma diferente a un cerebro neurotípico. Estas divergencias no deben ser consideradas como déficits, sino como matices que requieren enfoques específicos. Este libro utiliza un lenguaje claro y sencillo para abordar estos aspectos neurológicos, facilitando su comprensión sin sentirte sobrecargado.

Mi trayectoria en la ayuda a adultos con TDAH comenzó en 2004, cuando mi madre y yo fuimos seleccionadas para participar en "Clean Sweep," un programa enfocada en limpieza y organización transmitido por HGTV. Aunque mi madre estaba profundamente nerviosa ante la posibilidad de que el público contemplara nuestras habitaciones desordenadas, ambas estábamos entusiasmadas por presenciar cómo el equipo de HGTV transformaría nuestras habitaciones en un solo fin de semana. A pesar de nuestra familiaridad con el segmento del programa, en el que Andrew, el Organizador Profesional, solicitaba a los propietarios que clasificaran sus pertenencias en las categorías de "Conservar", "Vender" y "Desechar", no estábamos preparadas para la magnitud del trabajo que ello implicaba.

A mi madre le resultó difícil desprenderse de sus cosas. Durante la sesión de clasificación, murmuraba en voz baja: "¡Acabo de comprar esto por un precio estupendo! *Iba* a regalarlo", "*No he terminado* mis colchas, así que *sí*, necesito los 15 rollos de guata" y "No puedo deshacerme de eso. Me loregaló un familiar/amigo". Fue en ese instante que comprendí cuán emocionalmente apegada estaba a sus posesiones. El dolor reflejado en sus ojos y su expresión de frustración me tocaron la fibra sensible. Estaba claro que sus pertenencias representaban algo más que simples objetos. Simbolizaban hábitos compulsivos de compra para acontecimientos previstos pero no planificados, proyectos inconclusos y recuerdos o relaciones importantes. Esta experiencia, sumada a mi aprendizaje sobre el TDAH y a la forma de apoyar sus características específicas a lo largo de los años, me ha llevado a compartir en este libro las percepciones y técnicas que compartiré en este libro.

La estructura de esta obra refleja el viaje que estás a punto de emprender. Comenzaremos por profundizar en nuestra comprensión del TDAH y su impacto específico en laorganización. Posteriormente, exploraremos estrategias prácticas que podrá simplementar de manera inmediata. Finalmente, discutiremos cómo mantener estas prácticas a largo plazo, asegurando que tus logros organizativos fortalezcan tu confianza y reduzcan la ansiedad en todas las esferas de tu vida.

El libro contiene numerosas ideas sugerentes para que las explores. Cada capítulo se basaen el anterior, ofreciendo una experiencia de aprendizaje progresiva. El objetivo no es presionarte para que pongas en práctica cada sugerencia, sino empoderarte para que elijas las estrategias que más resuenen contigo y se adecúen a tus circunstancias. Recuerda que está bien avanzar a tu propio ritmo. Si lo prefieres, puedes adelantarte directamente a los capítulos que te interesen o que aborden tus desafíos actuales, y luego volver a los capítulos anteriores para refrescar la memoria o incorporar nuevas ideas a tus rutinas. Este libro ha sido diseñado con el objetivo de satisfacer tus necesidades individuales, así que utilízalo de la forma que mejor te sirva. ¡Cada paso positivo que des es un logro digno de reconocimiento!

Esta obra trasciende la mera organización; te proporcionará herramientas para aprovechar tus características distintivas asociadas al TDAH, transformando los obstáculos cotidianos en auténticas ventajas. Los enfoques que aquí se describen reconocen la preferencia del cerebro del TDAH por las victorias rápidas y los resultados concretos, dividiendo las tareas en pequeñas acciones realizables que optimizan tu tiempo y esfuerzo.

Aborda este libro con una mente abierta y una disposición a experimentar con nuevos métodos. Redefine la organización no como una tarea monótona, sino como un paso empoderador hacia el fortalecimiento de tu control y confianza en la vida.

Permite que éste sea el inicio de un recorrido en el que despejarás tu espacio y desarrollarás hábitos duraderos que mejoren tu capacidad de concentración, para lograr tus objetivos y prosperar. Al concluir esta travesía, tendrás un entorno más limpio y organizado, así como una renovada sensación de confianza y dominio sobre lo que te rodea. El cambio no sólo es posible: está al alcance de tu mano. ¡Vamos a darle con ganas!

1

La Mente Con TDAH y La Organización

"Un espacio limpio conduce auna mente clara."

— Anónimo

Comprender la mente del Trastorno por Déficit de Atención e Hiperactividad, o TDAH, es el primer paso para desarrollar estrategias organizativas eficaces que se adapten a sus necesidades únicas. Las metodologías de organización convencionales a menudo resultan inadecuadas, dado que no se alinean con el modo en que opera el cerebro afectado por el TDAH: este tiende a prosperar en ambientes que fomentan la flexibilidad, la estimulación visual y la obtención de recompensas rápidas.

En este capítulo, nos embarcaremos en la exploración de las complejidades que caracterizan la mente del TDAH y su interrelación con la organización. Explicaremos por qué las técnicas tradicionales pueden suponer un desafío y proporcionaremos estrategias personalizadas para que la organización resulte menos pesada y más alcanzable, incluso placentera.

Al aceptar tanto las fortalezas como los desafíos del cerebro con TDAH, podemos crear sistemas que no sólo mitiguen el caos, sino que también aumenten la productividad y el bienestar.

Descifrando el Cerebro del TDAH: Por qué la Organización Tradicional Podría Resultar Abrumadora

Empecemos por desentrañar el cerebro típico del TDAH. (¡Sí, existe algo llamado "típico" en nuestra realidad!) Las estrategias de organización convencionales suelen fracasar debido a que están orientadas a individuos con un pensamiento lineal y una motivación constante —atributos que no resultan congruentes con la arquitectura neurocognitiva de quienes presentan TDAH. Nuestros cerebros no siguen una trayectoria recta; en cambio, somos entusiastas de las rutas panorámicas, y a menudo tomamos caminos más intrincados hacia nuestros destinos. Esto implica que las listas de tareas lineales y los sistemas de archivo estándar pueden parecer como intentar encajar un clavo cuadrado en un agujero redondo.

Entonces, te preguntarás, ¿en qué se diferencia el cerebro del TDAH? Los cerebros que presentan esta condición manejan los neurotransmisores, como la dopamina, de manera diferente. La dopamina es una hormona vinculada al placer que desempeña un papel muy importante en la motivación y recompensa de comportamientos. Para la mayoría, un escritorio limpio y ordenado representa una recompensa tangible. Sin embargo, para una persona con TDAH... este concepto puede no tener el mismo atractivo. Nuestro cerebro, carente de la dopamina necesaria, tiende a buscar estímulos más potentes. Esta dinámica explica la razón por la que a menudo nos encontramos a mitad de camino organizando una estantería, sólo para sumergirnos en un álbum de fotos perdido hace tiempo.

Este fenómeno nos lleva a cuestionar el mito de la fuerza de voluntad en el contexto del TDAH. La sociedad frecuentemente malinterpreta nuestros desafíos organizativos como manifestaciones de pereza o falta de esfuerzo. No se trata de una predisposición a estar cómodos en el desorden; más bien, se complica por la manera en que nuestros cerebros están incentivados a cumplir con las tareas organizativas. Esta falacia contribuye a incrementar la frustración y a hacer que la organización parezca un desafío abrumador.

Entonces, ¿cómo podemos adaptar las estrategias de organización para que se integren de manera armónica con la cognición del TDAH? En primer lugar, debemos reconocer que la flexibilidad es un recurso invaluable. Los sistemas rígidos resultan obsoletos, mientras que los sistemas adaptativos, entretenidos y gratificantes serán los que mejor funcionen. Piensa en utilizar archivos de colores llamativos o recompensarte con un atracón de una miniserie de Netflix después de una sesión de limpieza exitosa. Asimismo, considera la posibilidad de establecer varias tareas pequeñas y manejables que puedan abordarse en ráfagas de hiper-concentración, en lugar de una jornada de limpieza monumental que dure todo el día.

Al alinear las estrategias organizativas con el funcionamiento particular del cerebro con TDAH —celebrando su necesidad de estimulación visual, recompensas inmediatas y estructuras flexibles— podemos transformar el acto de organizar de una carga pesada a una serie de logros rápidos y satisfactorios. El objetivo aquí no es meramente lograr un espacio limpio, sino instituir un sistema que se sienta tan natural como el acto de respirar.

La Función Ejecutiva y su Papel en la Organización de Tareas

Imagina que estás planeando una escapada de fin de semana. Tienes que hacer la maleta, gestionar las reservas, pensar en el cuidado de las mascotas y asegurarte de que esta vez no te olvides del cargador. Para la mayoría de las personas, esta podría ser una lista de comprobación sencilla. Sin embargo, si tienes TDAH, este escenario típico puede convertirse en una serie de maletas a medio hacer y tareas olvidadas. ¿Por qué ocurre esto? La respuesta se reduce a la función ejecutiva, un conjunto de procesos cognitivos necesarios para la autorregulación y el control, que incluye la planificación, la gestión del tiempo, la iniciación de tareas y el seguimiento, todos ellos son factores fundamentales en la organización diaria.

Desglosemos esto un poco más. Las funciones ejecutivas pueden considerarse como el centro de mando del cerebro. Te ayudan a gestionar el tiempo, prestar atención, cambiar el enfoque, recordar detalles y hacer malabarismos con múltiples tareas de forma eficaz. Cuando planificas esa escapada de fin de semana, tus funciones ejecutivas orquestan el cronograma, la preparación de la maleta y la gestión de tareas sin que estas se superpongan de manera desastrosa. Sin embargo, para quienes padecen TDAH, gestionar estos procesos puede parecer como intentar arrear gatos. El cerebro del TDAH experimenta a menudo lo que se denomina "disfunción ejecutiva", lo que significa que lucha con estas tareas de autorregulación, haciendo que organizar un día normal parezca coordinar un alunizaje.

Esta disfunción no significa incapacidad, más bien indica la necesidad de encontrar enfoques alternativos. Por ejemplo, los métodos tradicionales, como escribir una larga lista de tareas para el día, pueden resultar más abrumadores que útiles. En cambio, dividir las tareas en pasos más pequeños y visualmente atractivos puede ser mucho más eficaz. Piensa en emplear una lista de tareas gráfica y colorida con casillas para marcar, que no solo facilite la planificación, sino que también ofrezca la satisfacción de marcar visiblemente las tareas como completadas, proporcionando un impulso de dopamina que los cerebros con TDAH ansían.

Aprovechar los puntos fuertes del TDAH también puede transformar estas funciones ejecutivas de adversarias en aliadas. Muchas personas con TDAH se destacan en la resolución creativa de problemas: este rasgo puede ser una herramienta valiosa para transformar un desafío en un activo organizativo notable. Por ejemplo, si te cuesta llevar un calendario y las agendas tradicionales no te atraen, ¿por qué no creas una agenda personalizada? Utiliza dibujos, calcomanías o cualquier cosa que te estimule visualmente para que la planificación sea más atractiva y menos pesada.

Desde una perspectiva práctica, los recursos visuales son fundamentales. Sirven como señales externas que pueden hacer maravillas para mejorar la memoria y la retención de recuerdos. Supongamos que intentas seguir el ritmo de un horario semanal. Un calendario de pared gigante, que sirva como un recordatorio visual ineludible, puede ser más eficaz que una agenda digital oculta en una aplicación de smartphone. Al trazar las actividades en tu agenda, el uso de distintos colores para las diferentes actividades —verde para los asuntos personales, azul para las reuniones de trabajo, rojo para los plazos esenciales— convierte una tarea aburrida en un mapa colorido y fácil de leer de tu semana. Esto no solo satisface la necesidad de estimulación visual del TDAH, sino que también aprovecha las habilidades creativas de resolución de problemas, animándote a diseñar tus horarios de forma personalizada y visualmente atractiva.

Comprender las funciones de tu cerebro y adaptarte a ellas puede ser una poderosa herramienta para mejorar tu vida. Ajustando tu entorno para potenciar tus puntos fuertes y apoyar tus puntos débiles, puedes utilizar tus funciones ejecutivas de forma dinámica y productiva.

La Relación Entre tu Entorno y los Síntomas del TDAH

Imagina que entras en una habitación repleta de papeles desperdigados, objetos diversos esparcidos por el suelo y un montón de platos apilados en el fregadero. Para cualquiera, esta escena podría desencadenar un suspiro de consternación, pero si eres una persona con TDAH, este escenario no se trata solo de un inconveniente, sino que puede parecer un obstáculo mental significativo. Existe una profunda conexión entre nuestro entorno físico y nuestro estado mental, especialmente para quienes navegamos por el mundo con TDAH. El desorden no es solo una molestia visual... actúa casi como kriptonita para nuestra concentración y productividad. Cuando nuestro entorno externo es caótico, aumenta nuestras distracciones internas, dificultando enormemente la concentración en cualquier tarea.

Crear espacios adecuados adaptados al TDAH no consiste tanto en conseguir una estética doméstica digna de revista de diseño, sino más bien en crear entornos que reduzcan las distracciones y fomenten la concentración. Esto implica adoptar el minimalismo como preferencia estética y como requisito práctico. Se trata de comprender que cada objeto adicional en tu escritorio o prenda de ropa en el suelo de tu dormitorio es un posible factor de distracción. Para alguien con TDAH, un espacio despejado equivale a una mente despejada. Pero, ¿cómo lo conseguimos?

Empieza por reconocer que menos es más. Se trata de elegir deliberadamente lo que permitimos en nuestros espacios. Cada objeto de tu casa o de tu espacio de trabajo debe servir para algo o aportarte alegría. Todo lo demás no es más que ruido.

El impacto psicológico de los espacios organizados sobre la salud mental no puede ser subestimado. Cuando nuestros espacios vitales están ordenados y nuestras pertenencias tienen un lugar designado, se reduce nuestra ansiedad y esto nos hace sentir que tenemos más control sobre nuestras vidas. Esto es especialmente importante para las personas con TDAH, que a menudo se sienten abrumadas por las exigencias de la vida diaria. Un espacio organizado es un recordatorio visual de que podemos controlar nuestras vidas, fomentando una sensación de competencia y calma. Es como si cada rincón ordenado de nuestra habitación reforzara el mensaje de que podemos manejar cualquier desafío que se nos presente.

Hablemos ahora de practicidad: ¿cómo unos cambios sencillos pueden producir diferencias significativas? Piensa en el impacto de una sola estantería bien colocada. Esta estantería puede transformar un escritorio caótico en un centro de comando organizado, al ofrecer un lugar para aquellos objetos que de otro modo desordenarían el espacio de trabajo, aumentando instantáneamente la productividad. O piensa en el poder de un sistema de almacenamiento sensato en tu armario. Podrías reducir varios minutos de tu rutina diaria simplemente dividiendo tu ropa en secciones bien organizadas, aliviando el estrés y liberando energía mental para el día que tienes por delante. Estos pequeños ajustes en tu ambiente son como agentes de cambio, que alinean sutilmente nuestros mundos externos con nuestras necesidades internas de orden y simplicidad.

Crear espacios adaptados al TDAH consiste en crear entornos externos que apoyen nuestras formas únicas de procesar el mundo. Al tomar decisiones intencionadas sobre nuestro entorno que nos permitan prosperar, reducimos la fricción entre nuestros deseos de concentración y la naturaleza a menudo distractora de nuestros espacios. Al alinear nuestros entornos con nuestras necesidades neurológicas, aumentamos nuestra capacidad de concentración y finalización de tareas y mejoramos nuestro bienestar mental general. Al organizar y despejar nuestro espacio vital, estamos creando un entorno que nos brinda paz y fomenta nuestra productividad continua.

TDAH y Tendencias Acaparadoras: Reconocimiento y Abordaje

Cuando pensamos en el acaparamiento, la imagen que suele surgir en nuestra mente es el tipo de desorden del suelo al techo que nos presentan los dramáticos programas de televisión. Sin embargo, las tendencias al acaparamiento pueden empezar de maneras mucho más sutiles y podrían presentarse de maneras especialmente matizadas entre las personas con TDAH. Comprender esta conexión es imprescindible, no solo por razones de limpieza, sino también para la salud mental. El TDAH suele complicar nuestra relación con los objetos. Puede provocar impulsividad, dificultades para tomar decisiones y, a veces, un fuerte apego emocional a objetos que representan recuerdos o proyectos inconclusos. A primera vista, puede parecer que simplemente somos desordenados. Pero si miramos más profundamente, vemos cómo el TDAH puede inducir al cerebro a formar hábitos que parecen imposibles de romper.

Si bien el acaparamiento y el desorden pueden parecer fenómenos similares, es fundamental entender la diferencia entre ambos. El desorden generalmente se acumula porque la persona con TDAH puede distraerse a mitad de una tarea, generando montones de proyectos a medio realizar y objetos sin clasificar. El acaparamiento, sin embargo, es más intenso: implica la adquisición compulsiva de objetos y la incapacidad de desprenderse de ellos, independientemente de su valor. Esto puede deberse al miedo a perder algo importante o a la ansiedad asociada a decidir qué se queda y qué se va. Para alguien con TDAH, el proceso de toma de decisiones puede ser tan abrumador que resulte más sencillo conservar todo, lo que conduce a un desorden severo que puede exacerbar los síntomas del TDAH.

Reconocer los signos del comportamiento acumulador es el primer paso para abordarlo. Estas señales pueden incluir dificultad para caminar por tu casa debido a espacios bloqueados, sensación de angustia o agobio ante la idea de deshacerte de objetos, o guardar montones de revistas, periódicos o correo que podrías "necesitar" algún día. Es crucial identificar estos comportamientos con antelación y reconocer su impacto en tu espacio, salud mental y calidad de vida.

Abordar las tendencias al acaparamiento requiere algo más que una sólida voluntad de limpieza. Implica comprender los vínculos emocionales que se tienen con las posesiones. A menudo esto significa buscar ayuda profesional. Los terapeutas, especialmente aquellos familiarizados con el TDAH, pueden proporcionar estrategias adaptadas al funcionamiento de tu cerebro. Pueden ayudarte a desarrollar sistemas para organizar y despejar gradualmente tu espacio, lo que puede implicar clasificar los objetos por categorías y decidir qué conservar, donar o desechar, abordando una pequeña sección cada vez. Este enfoque gradual y compasivo puede ayudar a controlar la ansiedad asociada al desapego de las posesiones, haciendo que el proceso sea más llevadero.

Además, contar con sistemas de apoyo y recursos es vital. Entre ellos se incluyen los grupos de apoyo al TDAH, donde otras personas comparten luchas similares, o los organizadores profesionales especializados en la desorganización crónica. Saber que no estás afrontando esto solo puede marcar una diferencia significativa. Estos recursos proporcionan asistencia práctica y validan tus experiencias, facilitándote la realización de los pasos necesarios sin sentirte juzgado o incomprendido.

En esencia, abordar las tendencias al acaparamiento en el TDAH no consiste solo en despejar el espacio, sino en comprender los mecanismos emocionales más profundos que están en juego y construir una relación más sana y manejable con tus posesiones. Este proceso constituye un avance hacia un espacio más ordenado y una mente más clara.

La Carga Emocional del Desorden en la Mente con TDAH

Imagina que entras en tu casa y encuentras todas las superficies cubiertas de montones de revistas, correo sin abrir y baratijas varias que ya no recuerdas haber comprado. Para cualquiera, esta escena podría desencadenar una respuesta de estrés, pero para quienes padecen TDAH, el efecto puede ser paralizante. Cuando el desorden llena nuestros espacios físicos, también se cuela en nuestra mente, aumentando la ansiedad y el estrés y creando un círculo vicioso difícil de romper. La relación entre el desorden y el TDAH es compleja, profundamente emocional y a menudo malinterpretada.

El ciclo del desorden en el TDAH es especialmente difícil. Empieza de forma inocente, quizá con una semana ajetreada en la que dejas algunos objetos fuera de su sitio. Sin embargo, para alguien con TDAH, estos objetos mal colocados pueden acumularse rápidamente. Cuanto más desorden hay, más abrumador resulta pensar en organizar. Esto provoca ansiedad, lo que hace aún más difícil ocuparse del desorden, retroalimentando así el ciclo. Antes de que nos demos cuenta, nuestro espacio nos consume en lugar de brindarnos un refugio pacífico.

¿Por qué el desorden tiene tanta carga emocional para las personas con TDAH? Normalmente se reduce a los vínculos emocionales que formamos con los objetos. Cada objeto puede contener una historia, un recuerdo o representar una posibilidad futura. Por ejemplo, desprenderse de un libro no es solo un acto físico. Puede parecer que renuncias a leerlo. Este apego hace que el desorden sea más significativo. Cuando piensas en deshacerte de algo, puedes sentir que estás renunciando demasiado pronto a un objetivo o proyecto, faltándole al respeto a un ser querido, o perdiendo una parte de ti mismo. Por eso el desorden puede ser emocionalmente agotador y desalentador. El acto físico de deshacerte de un objeto es un viaje emocional a través de tus aspiraciones pasadas, presentes y futuras.

Este peso emocional que conlleva el desorden puede tener profundos efectos en la salud mental. Vivir en un entorno desordenado puede desencadenar continuamente estrés y ansiedad, que ya son compañeros habituales de quienes padecen TDAH. El desorden de tu entorno amplifica el caos de tu mente, dificultando la concentración y el mantenimiento de la calma. Incluso puede provocar un ciclo de vergüenza y frustración: sentirse mal por el desorden, pero estar demasiado abrumado para abordarlo, lo que provoca más sentimientos negativos. Es un ciclo difícil de romper, pero comprender esta conexión emocional es el primer paso para lograrlo.

Romper este ciclo implica gestionar las respuestas emocionales que evoca el desorden. Una estrategia eficaz consiste en desplazar el enfoque de los objetos hacia los recuerdos o sentimientos que representan. Por ejemplo, en lugar de conservar cada una de las obras de arte que tu hijo ha creado (sintiendo culpa por aquellas que deseas descartar), podrías seleccionar algunas pocas favoritas para exponerlas en un marco único y hacer fotos digitales de las demás. De este modo, preservas los recuerdos sin permitir que los objetos físicos abrumen tu espacio.

Crear sistemas de recuerdos es otra estrategia que puede ayudar. Estos sistemas te permiten honrar el valor sentimental de los objetos sin dejar que abarroten tu espacio vital. Por ejemplo, tener una "caja de recuerdos" donde puedas guardar pequeños objetos puede mantenerlos a salvo para apreciarlos sin dejar que ocupen los espacios de tu vida cotidiana. Este sistema también puede ayudarte a tomar decisiones durante el proceso de organización y limpieza, ya que proporciona un espacio designado para los objetos difíciles de descartar.

Por último, es crucial reconocer la importancia de crear espacio emocional y físico. Deshacerse del desorden puede conducir a una reducción significativa del estrés y a una mente más clara. También te brinda la oportunidad de reevaluar lo que es verdaderamente importante. Al despejar el desorden físico, haces sitio en tu casa y en tu paisaje mental y emocional. Esto puede mejorar tu concentración, reducir tu ansiedad y aumentar tu control sobre el entorno.

Abordar la carga emocional del desorden implica:

- Reconocer las profundas conexiones que formamos con nuestras posesiones.

- Comprender el impacto que tiene el desorden en nuestra salud mental.

- Implantar sistemas que nos permitan honrar nuestros recuerdos sin sentirnos abrumados.

Abordando el desorden físico y emocional, podemos crear espacios que reflejen y apoyen lo mejor de nosotros mismos, haciendo de nuestros hogares un verdadero santuario contra el caos del mundo.

Procesamiento Sensorial: Adaptar tus Estrategias Organizativas para Crear Espacios Confortables

¿Con qué frecuencia tienes en cuenta tus sentidos cuando organizas tu espacio? Para muchas personas con TDAH, el procesamiento sensorial influye significativamente en la comodidad y el enfoque que sienten dentro de su entorno. Para algunos de nosotros, el tic-tac de un reloj puede resultar una distracción. Para otros, el zumbido de un refrigerador puede resultar extrañamente tranquilizador. Se trata de comprender tus sensibilidades sensoriales y utilizarlas a tu favor al organizar y limpiar tu espacio. Esta personalización es fundamental para crear entornos que aumenten tu concentración en lugar de distraerte.

Imagina que intentas concentrarte en una tarea, pero en lo único que puedes pensar es en que las luces del techo son demasiado brillantes o en que la silla en la que estás sentado es incómodamente rígida. Estas molestias aparentemente menores pueden ser grandes obstáculos para la productividad de una persona con TDAH. Esto se debe a que el TDAH puede aumentar la sensibilidad sensorial, haciendo que algunos entornos resulten abrumadores y poco propicios para la concentración. Pero aquí está la buena noticia: crear un clima amigable para los sentidos puede minimizar la sobrecarga sensorial y hacer que cualquier espacio sea más apto para trabajar. Esto puede significar sustituir las bombillas fluorescentes y demasiado brillantes por una iluminación más suave y regulable, o invertir en una silla más cómoda y ergonómica. Ajustar tu entorno para reducir los desencadenantes y aumentar las comodidades sensoriales mejorará drásticamente tu capacidad para concentrarte y realizar las tareas.

El papel de la organización en la regulación de las percepciones sensoriales suele pasarse por alto, pero es increíblemente potente. Un entorno desordenado y caótico puede bombardear tus sentidos, dificultando la concentración y provocando que te sientas abrumado. En cambio, un espacio bien organizado puede ayudarte a modular las percepciones sensoriales, facilitándote el procesamiento de la información y la concentración en la tarea. Piensa en cómo un escritorio bien organizado, donde cada objeto, desde la grapadora hasta el bloc de notas, tiene un lugar designado, puede ayudar a crear una sensación de calma y control. Al reducir el ruido visual, también reduces la sobrecarga sensorial, lo que puede resultar particularmente beneficioso para alguien con TDAH.

Desarrollar estrategias organizativas personalizadas que incorporen las preferencias sensoriales individuales es como preparar el escenario para el éxito. Esto significa reconocer qué estímulos sensoriales te ayudan a concentrarte y cuáles te distraen. Por ejemplo, algunas personas con TDAH descubren que la música de fondo enmascara los ruidos molestos y mejora su concentración. Incorporar un elemento sonoro a tu estrategia organizativa —como tener un altavoz dedicado en tu espacio de trabajo que reproduzca música instrumental— puede ser beneficioso. Por el contrario, si las distracciones auditivas son un gran problema, insonorizar tu espacio de trabajo o utilizar auriculares con cancelación de ruido podría ser la solución.

Incluir elementos sensoriales en tu kit de herramientas de organización promueve la funcionalidad y crea un espacio cómodo en el que da gusto estar. Esto podría significar utilizar organizadores texturizados que resulten agradables al tacto o emplear sistemas de códigos de colores visualmente atractivos. Los colores, las texturas e incluso los olores de tu entorno pueden adaptarse para mejorar tu experiencia sensorial y, por extensión, tu productividad. Por ejemplo, la incorporación de un aroma a lavanda en tu espacio de trabajo puede tener un efecto calmante, lo que resulta particularmente útil en momentos de sobrecarga.

En esencia, el proceso de organizar y deshacerse del desorden tiene como objetivo crear un entorno que respete y se adapte a tu perfil sensorial único. Comprender y ajustar los elementos sensoriales de tu espacio puede transformarlo de una fuente de estrés a un santuario de concentración. Incorporar aspectos amigables con los sentidos a tu plan de organización puede suponer una diferencia significativa a la hora de gestionar eficazmente el TDAH.

Técnicas Adaptadas al TDAH para Superar el Agobio

Cuando se trata de gestionar tareas y mantener la organización, no es ningún secreto que los que padecemos TDAH a veces nos sentimos como si intentáramos hacer malabares con antorchas encendidas mientras montamos en monociclo sobre la cuerda floja. El agobio es real y puede paralizarnos a la hora de dar el más pequeño paso hacia nuestros objetivos. ¡Pero no te preocupes! Con unas pocas técnicas adecuadas para el TDAH, podemos dividir las tareas en partes manejables, utilizar el tiempo a nuestro favor, visualizar nuestras victorias y establecer rutinas que parezcan menos camisas de fuerza y más cómodas chaquetas de punto. Estas estrategias cambiarán nuestra forma de abordar las tareas, haciéndolas menos desalentadoras y más factibles.

Dividir las tareas en partes más pequeñas y manejables cambia las reglas del juego. Es como convertir una montaña en una serie de pequeñas colinas. Por ejemplo, si la tarea consiste en organizar tu despacho en casa, empieza por un solo rincón. Tal vez hoy podrías ocuparte del escritorio: despéjalo, límpialo y vuelve a poner allí sólo lo que necesites para mañana. Mañana podrías ordenar un cajón, y al día siguiente, otro. Este método hace que la tarea resulte menos abrumadora y ofrece múltiples oportunidades para obtener pequeñas victorias. Cada espacio despejado es una victoria, y en el mundo del TDAH, donde a veces las tareas pueden parecer imposibles de completar, celebrar estas victorias puede aumentar la motivación y mantener el impulso.

El "timeboxing", o asignación temporal, es otra herramienta increíblemente eficaz. Esta técnica consiste en dedicar una cantidad de tiempo determinada a una tarea, y cuando suena el temporizador, te detienes, no importa en qué punto del proceso te encuentres. Esto elimina la presión de tener que terminar algo de una sola vez, lo que a menudo puede llevar a la procrastinación o a la evitación de tareas en quienes padecemos TDAH. Por ejemplo, programa un temporizador de 15 minutos y empieza a ordenar tus correos electrónicos. Cuando suene el temporizador, habrás terminado. Este método ayuda a que la tarea sea finita y menos abierta, lo que psicológicamente se siente más manejable. Te sorprenderá lo mucho que puedes hacer en estas breves pausas y lo poco que te asusta empezarlas.

Las herramientas de planificación visual son nuestras aliadas en la batalla contra el agobio. Hay algo increíblemente estabilizador en ver tus tareas dispuestas visualmente. Los planificadores, las aplicaciones o incluso una simple pizarra pueden servir como herramientas para exteriorizar lo que tienes en mente. Esto no sólo ayuda a organizar los pensamientos, sino también a hacer que las tareas parezcan más tangibles y menos abstractas. Visualizar las tareas puede reducir la ansiedad, ya que te hace sentir que controlas mejor lo que tienes que hacer. Por ejemplo, codificar las tareas por colores en función de su prioridad o tipo puede proporcionarte pistas visuales rápidas sobre el día que tienes por delante, sin necesidad de profundizar en una lista escrita. Esto puede ser especialmente útil para aquellos cuya mente corre a mil por hora. Un vistazo a un calendario codificado por colores puede recordarte al instante la estructura de tu día sin entrar en detalles abrumadores.

Establecer rutinas puede sonar un poco rígido, pero cuando se adaptan a la flexibilidad que suele exigir el TDAH, pueden convertirse en un andamiaje reconfortante que soporte la vida diaria. La clave es que las rutinas sean sencillas y flexibles. Una rutina matutina, por ejemplo, puede implicar tres pasos principales: preparar café, realizar una sesión de planificación de cinco minutos y organizar tu espacio de trabajo. Incorporar estos hábitos a tu vida diaria puede reducir la fatiga por la toma de decisiones porque, seamos sinceros, decidir qué hacer primero a veces puede llevar más tiempo que realizar la tarea en sí. Las rutinas flexibles proporcionan un marco que reduce el número de decisiones que debes tomar, liberando energía mental para la ejecución de las tareas. También ayudan a crear lo que a mí me gusta llamar "momentos incuestionables": son aquellos momentos de ímpetu en los que pasas de una tarea a otra, no porque tengas que pensar mucho en ello, sino porque es "lo que debe suceder a continuación".

Integrando estas estrategias adaptadas al TDAH (dividir las tareas en partes más pequeñas, utilizar la técnica de asignación temporal, emplear herramientas visuales de planificación y establecer rutinas sencillas y flexibles), podemos transformar nuestro enfoque de las tareas del temor a la viabilidad. Se trata de hacer que el proceso funcione para ti, aprovechando los puntos fuertes de tu mente con TDAH y convirtiendo el agobio en una acción manejable.

Construir los Cimientos: Pequeñas Victorias en el Proceso Organizativo del TDAH

Profundicemos en el poder transformador de las pequeñas victorias. ¿Recuerdas esa sensación de triunfo cuando por fin desenterraste esa silla de tu habitación del montón de ropa? Esa sensación de logro, por pequeña que sea, es la magia de una pequeña victoria. Para los que navegamos por la vida con TDAH, estos momentos no consisten sólo en despejar el espacio físico; consisten en reconocer nuestro progreso, sin importar cuán gradual sea. Estas victorias, por pequeñas que sean, pueden crear un efecto dominó, generando impulso y aumentando la confianza, transformando nuestro enfoque de la organización y de la vida misma.

Las pequeñas victorias son increíblemente potentes porque satisfacen la necesidad de recompensas frecuentes que tiene el cerebro con TDAH. Establecer un sistema en el que reconozcas cada pequeño éxito te ayuda a aprovechar el circuito de recompensa de tu cerebro. Por ejemplo, si decides organizar tu escritorio, dividir esta tarea en minitareas —como organizar los bolígrafos hoy, las notas adhesivas mañana y, tal vez, abordar esa temible pila de papeles sin ordenar al día siguiente— puede hacer que el trabajo resulte menos intimidante y más manejable. Cada paso que completas y reconoces como un éxito alimenta tu motivación para encarar la siguiente tarea. Es como crear un ciclo sostenible de productividad que te mantiene en marcha sin agobiarte.

Establecer objetivos realistas es la piedra angular de tu viaje de organización para el TDAH. El marco de objetivos SMART (Específicos, Mensurables, Alcanzables, Relevantes, Limitados en el Tiempo) es una herramienta práctica que puede revolucionar tu enfoque. Por ejemplo, en lugar de fijarte un objetivo amplio como "Organizar la casa", podrías fijarte un objetivo específico y limitado en el tiempo como "Organizar el cajón superior de mi escritorio para el jueves". Este método no sólo establece objetivos claros y tangibles, sino que también infunde una sensación de urgencia y viabilidad, que puede resultar muy motivadora.

Ahora, cambiemos nuestra perspectiva hacia el progreso incremental. En un mundo que a menudo glorifica las "grandes revelaciones" o las transformaciones dramáticas, apreciar el progreso incremental tiene un valor inmenso, especialmente para quienes padecemos TDAH. Cambiemos nuestra medida del éxito. En lugar de criticarnos por no tener la casa perfectamente limpia, celebremos los progresos que hemos hecho, como tener una silla que podemos utilizar realmente o un cajón del escritorio que se abre sin atascarse. Este cambio de perspectiva, de la perfección al progreso, es crucial. Reduce la presión por alcanzar niveles poco realistas. Se ajusta más a la forma en que suele producirse el progreso en el mundo del TDAH: no a pasos agigantados, sino en pequeños saltos.

Aunque no siempre son glamorosas, la paciencia y la persistencia son los pilares de este proceso. Cultivar estas cualidades puede parecer contraintuitivo en un mundo acelerado, pero son esenciales para gestionar el TDAH. Para alguien con TDAH, la organización no es un evento o acontecimiento único. Es más bien como un jardín que requiere cuidados regulares. Habrá días en que todo encaje y otros en que nada lo haga. La clave es seguir adelante, persistir a pesar de los contratiempos y ser paciente contigo mismo durante el proceso. Esta resiliencia para seguir intentándolo, incluso cuando los resultados no son inmediatos, transforma la organización de una tarea temida a un estilo de vida de ajuste y mejora continuos.

Así que, ¡alcanza esa victoria, por pequeña que sea, y mantenla en alto! Permite que ilumine tu próximo paso y el siguiente. Fíjate objetivos que tengan sentido para ti. Aprecia cada pequeño avance y ármate de paciencia y perseverancia. Éstas son tus herramientas, tus piedras angulares, en esta aventura de organización. Y recuerda, cada pequeño espacio que despejes, cada cajón que organices, cada objeto al que encuentres un hogar, te ayudará a preparar el terreno para una versión de ti más clara, centrada y empoderada.

2

Estrategias Adaptadas a los Desafíos del TDAH

"La mejor manera de haceralgo es empezar."

— Autor Desconocido

¿Alguna vez has sentido que limpiar y organizar es un maratón al que no te habías apuntado? Miras tu espacio, ves una montaña de tareas y piensas: "¡¿Cómo es posible?!". Sujeta tu mopa porque estamos a punto de convertir ese intimidante maratón en una serie de pequeñas y sencillas carreras de velocidad. Bienvenido al mundo de la Limpieza en 10 Minutos, un método tan brillantemente adaptado a la mente del TDAH que podría incluso hacerte disfrutar del proceso de limpieza (¡Sí, de verdad!).

Vivir con TDAH presenta desafíos únicos que requieren soluciones igualmente únicas. Las estrategias tradicionales a menudo resultan insuficientes, dejándote frustrado y abrumado. Sin embargo, adoptar enfoques personalizados puede transformar estos desafíos en aspectos de la vida cotidiana manejables e incluso empoderadores. En este capítulo exploraremos algunas estrategias personalizadas que se adaptan específicamente al cerebro con TDAH, haciendo que las tareas cotidianas parezcan menos desalentadoras y más factibles.

Desde la utilización de breves ráfagas de esfuerzo concentrado hasta el aprovechamiento del poder de la hiperfocalización y la integración de herramientas y aplicaciones prácticas, en cada sección te ofreceremos ideas prácticas diseñadas para trabajar con las tendencias naturales del TDAH, en lugar de contra ellas. Al dar el primer paso y adoptar estas estrategias, descubrirás que la organización, la gestión del tiempo y la productividad están a tu alcance, allanando el camino hacia una vida más estructurada y satisfactoria.

La Limpieza en 10 Minutos: Conseguir un Gran Impacto en Ráfagas Cortas

El Concepto de Ráfagas Cortas

Admitámoslo: el enfoque tradicional de limpiar hasta que todo esté impecable es abrumador para la mayoría de la gente, pero añadir el TDAH a la mezcla se convierte en una receta para el agotamiento inmediato. En lugar de eso, imagina que te enfrentas al caos en ráfagas cortas y concentradas. Estas pequeñas carreras de limpieza con enfoque láser cortan la procrastinación y el agobio como un cuchillo caliente corta la mantequilla. La belleza de este enfoque reside en su sencillez y su gratificación inmediata, dos cosas que los cerebros con TDAH adoran absolutamente.

El concepto es sencillo: programas un temporizador durante 10 minutos y te dedicas a ello sin distracciones, sólo tú y la tarea que tienes entre manos. Se trata de canalizar tu energía en dosis breves y potentes que te permitan ver resultados tangibles rápidamente. Este método funciona de maravilla porque se ajusta perfectamente a la necesidad del TDAH de una respuesta rápida. Hay algo increíblemente satisfactorio en ver una mesa despejada o una estantería ordenada al cabo de 10 minutos, lo que puede suponer un enorme estímulo motivacional.

Poner en Práctica la Limpieza de 10 Minutos

Empezar es siempre la parte más difícil, así que hazlo fácil. Elige una zona pequeña: tu escritorio, un cajón o una mesita auxiliar. Programa un temporizador en tu teléfono o en la cocina durante10 minutos y ¡empieza! La clave no está en hacerlo perfecto, sino en empezar. Te sorprenderá todo lo que puedes conseguir en tan poco tiempo.

Guía de limpieza en 10 minutos:

- **Elige tu área objetivo.** Que sea lo suficientemente pequeña como para abordarla en 10 minutos.

- **Programa el temporizador.** El temporizador no debe durar más de 10 minutos.

- **Reúne tus herramientas.** Hazlo sencillo: una bolsa de basura, algunos artículos de limpieza y tal vez una cesta para los objetos fuera de lugar.

- **¡Adelante!** Concéntrate únicamente en la tarea hasta que suene el temporizador.

Repite este proceso a lo largo del día, entre tarea y tarea, o durante esos pequeños descansos en los que sueles hojear el teléfono. Poco a poco, estas mini-limpiezas se irán sumando y, antes de que te des cuenta, habrás hecho progresos significativos sin el agotamiento o el que suele acompañar a la limpieza.

Herramientas y Técnicas para el Éxito

Aumentar la eficacia de tus ráfagas de 10 minutos puede resultar ser un proceso divertido. Equípate con un carrito de limpieza que esté siempre lleno y listo para usar. Incluye elementos esenciales como toallitas, un plumero, un cepillo de fregar y algunos productos de limpieza. Si lo guardas todo en un recipiente portátil, podrás tomarlo y ponerte en marcha sin perder tiempo buscando los suministros en distintos lugares.

Otra técnica estupenda es la "Regla del minuto": si tardas menos de un minuto en hacer algo, hazlo inmediatamente. Por ejemplo, tirar la basura, colgar el abrigo o limpiar la encimera. Integrar esta regla puede ayudarte a mantener a raya el desorden y hacer que tus limpiezas de 10 minutos sean aún más eficaces. Al ocuparte inmediatamente de las pequeñas tareas, evitas que se acumulen y se vuelvan abrumadoras, reduciendo así el estrés y manteniendo limpio tu espacio vital. (Si tienes familia o vives con un compañero de piso, ellos también tendrán que cumplir esta regla para mantener controlada tu ansiedad).

Crear un Hábito

La verdadera magia se produce cuando estas limpiezas de 10 minutos se convierten en una parte habitual de tu rutina. Para convertirlo en un hábito, intenta vincular tus sesiones de limpieza a las actividades diarias. Por ejemplo, cada mañana, después de desayunar, pon el temporizador en marcha y haz una limpieza rápida. O conviértelo en un ritual antes de cenar. Asociarlo a un hábito existente ayuda a anclar esta nueva práctica en tu vida cotidiana.

Recuerda que el objetivo no es reformar tu vida de una sola vez. Se trata de acciones constantes y manejables que se suman con el tiempo. Piensa en ello como si convirtieras tus rasgos de TDAH en superpoderes para vencer el desorden. Al mantenerlo breve y conciso, aprovechas tus fortalezas, manteniendo la monotonía y el aburrimiento a raya mientras transformas gradualmente tu espacio en un lugar de calma y orden.

Lo Haré Más Tarde: Cómo Superar la Procrastinación en la Limpieza

La procrastinación es un viejo y conocido enemigo. Es el arte de evitar hoy lo que puede dejarse para mañana, y se vuelve especialmente astuto cuando se vive con TDAH. Entender por qué procrastinamos, sobre todo cuando se trata de limpiar y organizar, es como desentrañar un misterio cuyas pistas están dispersas en nuestra vida cotidiana y escondidas en algún lugar de los recovecos de nuestro cerebro. Sumerjámonos de lleno en el torbellino psicológico de la procrastinación relacionada con el TDAH y armémonos con estrategias que no sólo tengan sentido, sino que podrían ser divertidas de poner en práctica.

No procrastinas porque seas vago. Lo haces por la forma en que está conectado tu cerebro con TDAH. La prisa de la urgencia suele ponerte en movimiento, no el ritmo constante de las tareas rutinarias. Sin un plazo inminente, a tu cerebro le cuesta activar y priorizar tareas como la limpieza. Aquí es donde resulta crucial comprender los desencadenantes de tu procrastinación. Puede ser un momento concreto del día en que la energía decae, la naturaleza abrumadora de la tarea que tienes entre manos o el peso emocional de comenzar algo que parece mundano. Reconocer estos desencadenantes ayuda a elaborar un plan de batalla personalizado. Por ejemplo, si las tareas abrumadoras te paralizan, dividirlas en microtareas puede hacer que empezar sea menos desalentador. Si se trata de una cuestión horaria, programar la limpieza durante tus horas de mayor energía puede hacer maravillas.

Combatir la procrastinación requiere una combinación de psicología astuta y tácticas prácticas. Establecer un sistema de recompensas puede responder a la necesidad de gratificación inmediata del TDAH. Decirte a ti mismo: "Si ordeno este armario, podré ver un episodio de mi serie favorita", crea una recompensa tangible que puede hacer que merezca la pena abordar la tarea. La responsabilidad es otra herramienta poderosa. Busca a un amigo que tenga objetivos similares a los tuyos o declara tu intención a una comunidad de apoyo. A veces, saber que otra persona te anima puede hacer que te pongas en marcha.

Empezar poco a poco es la estrategia más subestimada, pero sumamente efectiva. Limpiar una casa entera puede resultar paralizante, pero ¿qué te parece empezar por un solo armario? ¿O incluso una parte de un armario? Estos pequeños comienzos son fundamentales porque evitan la resistencia del cerebro a las tareas grandes e indefinidas. Hacen que el comienzo sea tan poco amenazante que resulta más difícil justificar el aplazamiento. Una vez que empiezas, el impulso suele llevarte más lejos de lo esperado.

Reducir las opciones también ayuda a eludir la parálisis que conlleva la toma de decisiones, una táctica habitual para quienes padecemos TDAH. Intenta lo siguiente: simplifica tus herramientas y métodos de limpieza. Para las tareas cotidianas, podrías necesitar solo un limpiador multiuso y algunos paños de microfibra. Limitar tus opciones reduce la energía mental gastada en elegir y redirige esa energía hacia la acción.

Generar impulso puede ser tan sencillo como crear un flujo en tus tareas que te lleve naturalmente de una a otra. Empieza con algo pequeño y agradable, como organizar tus libros favoritos. Una vez que estés en movimiento, es más fácil continuar, avanzando hacia los papeles amontonados cercanos y, quizás, a la estantería en la que estaban. Este encadenamiento de tareas mantiene la inercia, haciendo más fácil seguir en movimiento una vez que has empezado.

Reformular las tareas para hacerlas más atractivas es todo un arte. Tal vez odies doblar la ropa, pero disfrutes escuchando audiolibros. Combinando ambas actividades, de repente, doblar la ropa se convierte en el telón de fondo para la culminación de la historia que se despliega en tus oídos. Se trata de hacer que la tarea se adapte a ti, y no al revés. Esta personalización hace que el proceso sea atractivo y personal, convirtiendo una tarea monótona en una experiencia más agradable.

El objetivo a largo plazo es integrar sin esfuerzo estas estrategias en tu rutina diaria, haciendo de la limpieza y la organización una parte natural y sostenible de tu estilo de vida. Este enfoque no consiste en una limpieza puntual, sino en construir un marco que minimice la procrastinación y fomente la constancia.

La autocompasión es tu arma secreta en este proceso. Es crucial comprender que los contratiempos forman parte del camino y no reflejan tu valía o capacidad. Sé amable contigo mismo. Cada intento, cada pequeña tarea que realizas, es un paso en la dirección correcta, no importa cuántas veces tengas que volver a empezar.

Por último, moldear tu entorno para fomentar la acción puede reducir drásticamente la procrastinación. Mantén los suministros de limpieza visibles y fácilmente accesibles. Crea soluciones de almacenamiento visualmente atractivas que inviten a la interacción. Cuanta menos fricción haya para iniciar una tarea, más probable será que te lances directamente sin el tira y afloja mental que a menudo acompaña el inicio de las actividades.

Adaptando tu enfoque para que se ajuste a tus desencadenantes, necesidades y preferencias únicas, transformas el campo de batalla y configuras tu espacio para invitar a la acción en lugar de posponerla. La procrastinación no tiene ninguna oportunidad cuando juegas con tus reglas, convirtiendo el "Lo haré más tarde" en "Hagámoslo ahora".

Aprovechar la Hiperfocalización para los Proyectos de Organización Doméstica

Exploremos uno de los aspectos más enigmáticos del TDAH: la hiperfocalización. La hiperfocalización es una concentración intensa en la que el mundo se desvanece y no existe nada más que tú y aquello en lo que te has concentrado. Aunque a menudo se considera un superpoder, sobre todo en ámbitos creativos o de resolución de problemas, la hiperfocalización es como el fuego: maravillosa cuando está bajo control y potencialmente caótica cuando no lo está. En el ámbito de la organización doméstica, comprender y dirigir esta hiperfocalización puede provocar transformaciones asombrosas en tu espacio vital.

Cuando estás en modo de hiperfocalización por TDAH, estás tan absorto en la tarea que las distracciones externas dejan de existir. Esto puede ser tanto una bendición como una maldición. Por un lado, permite una profunda productividad y creatividad, convirtiendo un día de limpieza en una revisión profundamente satisfactoria de tu sala de estar. Por otro lado, puede significar descuidar otras tareas durante horas o incluso días. El truco está en encontrar el equilibrio adecuado: evita ahogar esta poderosa herramienta, pero utilízala con prudencia.

De la Acumulación a la Hiperfocalización

Transformar la hipersensibilidad de un acumulador de desorden a un poderoso agente de limpieza implica un cambio de mentalidad. Empieza por ver cada objeto de tu casa como algo que debe ganarse su lugar. Aborda tu desorden no con la mentalidad de un coleccionista, sino con la brutalidad de un editor. Cuando estés en un modo de hiperfocalización, utilízalo para dedicarte a la tarea de clasificar y organizar profundamente, evaluando cada objeto por lo que es y por el valor que añade a tu vida y a tu espacio. Este puede ser un proceso profundamente liberador, a medida que pasas de guardarlo todo a elegir lo que realmente importa.

Gestionar el Tiempo en los Períodos de Hiperfocalización

La gestión del tiempo durante los períodos de hiperfocalización es crucial. Es fácil perder horas enteras, por lo que establecer límites es esencial. Utiliza temporizadores para recordarte que debes detenerte y realizar pausas regulares. Por ejemplo, puedes programar un temporizador cada 30 minutos para dar un breve paso atrás, hidratarte y revisar el resto de tu agenda. Esto ayuda a evitar la trampa habitual de la hiperfocalización: la inmersión total a expensas de todo lo demás. Las herramientas como las aplicaciones de seguimiento del tiempo pueden ser muy útiles en este caso, ya que te proporcionan recordatorios e información sobre cómo empleas tus períodos de hiperfocalización. Esta conciencia puede conducir a una mejor planificación y a un enfoque más equilibrado de las tareas.

Elegir Sabiamente los Proyectos

Seleccionar los proyectos domésticos adecuados para optimizar tu hiperfocalización implica equilibrar el desafío y la utilidad. El proyecto ideal debe ser lo suficientemente importante como para justificar tu intensa atención, pero no tan extenso como para que no pueda completarse en un tiempo razonable. Por ejemplo, organizar tu estantería podría ser un candidato perfecto: es un proyecto limitado, cuenta con criterios claros de éxito y ofrece un resultado satisfactorio del antes y el después. Establecer objetivos claros y alcanzables, como "organizar dos estanterías por sesión", puede ayudarte a mantener la concentración y proporcionarte un punto final claro. Esto es crucial para maximizar la hiperconcentración sin caer en el agotamiento.

Prepararse para el Éxito

La preparación es fundamental para aprovechar eficazmente la hiperfocalización. Antes de sumergirte en el proyecto elegido, asegúrate de que tu entorno esté preparado para el éxito. Esto significa tener a mano todas las herramientas de organización: etiquetas, cubos, bolsas de basura y una caja para donaciones. También significa asegurarte de que no tendrás que detenerte en la mitad del proceso para correr a la tienda o rebuscar en un armario en busca de suministros. Un entorno bien preparado favorece un enfoque sostenido y minimiza el riesgo de que las distracciones te aparten de tu tarea.

Evitar el Agotamiento

Por último, protegerse contra el agotamiento es crucial al aprovechar la hiperfocalización para la organización. La intensidad de la concentración puede ser agotadora, tanto emocional como físicamente. Como ya se ha dicho, es vital realizar pausas regulares, pero también lo es reconocer los signos de fatiga. Si notas que tu atención disminuye o que aumenta la frustración, es hora de dar un paso atrás. Esto puede significar dejarlo por hoy o pasar a una tarea más ligera. Es igualmente importante reconocer tus esfuerzos. Celebra los progresos realizados durante cada sesión de hiperfocalización, por pequeños que sean. Esto sube la moral y refuerza los aspectos positivos de tu intensa concentración, convirtiéndola en algo que tú controlas en lugar de algo que te controla a ti.

Al aprovechar la hiperfocalización para la organización doméstica, transformas un rasgo potencialmente perturbador en una poderosa herramienta para el cambio. Dirigiendo tu enfoque con intención, gestionando tu tiempo con cuidado, eligiendo sabiamente tus proyectos, preparando estratégicamente tu entorno y protegiéndote del agotamiento, creas un marco en el que tu hiperfocalización prospera y te conduce a logros tangibles y satisfactorios en el ámbito de la organización personal.

Trucos de Gestión del Tiempo para las Personas con Distracciones Crónicas

Exploremos el fascinante ámbito de la gestión del tiempo desde la perspectiva del TDAH, donde el control convencional del tiempo pasa a un segundo plano. ¿Te has sorprendido alguna vez por lo rápido que se te escapa el tiempo cuando estás absorto en una tarea, o te has sentido frustrado porque una tarea que debería haberte llevado diez minutos ha acabado llevándote una hora? Estas experiencias son el resultado de la forma única en que las personas con TDAH perciben el tiempo. A diferencia de la típica rutina de mirar el reloj, si tienes TDAH, el tiempo puede parecerte más un concepto fluido: a veces pasa deprisa, otras veces se alarga y, en ocasiones, desaparece por completo. Esta percepción elástica del tiempo puede hacer que la puntualidad, la organización e incluso la planificación diaria se sientan como si estuvieras navegando por un laberinto con los ojos vendados.

Comprender cómo interpreta y gestiona el tiempo tu cerebro con TDAH no es sólo un desafío, es una oportunidad de empoderamiento. El cerebro del TDAH a menudo busca la estimulación; si una tarea no la proporciona, puede parecer que el tiempo se arrastra. Por el contrario, las horas pueden desaparecer en un abrir y cerrar de ojos si algo nos resulta muy atractivo (¡hola, hiperfocalización!). Esta percepción sesgada del tiempo a menudo conduce a la "ceguera temporal", en la que juzgar la duración de las tareas o planificar con antelación puede resultar difícil. Sin embargo, al comprender esta percepción única, puedes aprovecharla a tu favor, haciendo que el tiempo trabaje para ti, no en tu contra.

Entonces, ¿cómo abordamos este desafío singular en la gestión del tiempo? La respuesta radica en una combinación de estrategias de gestión del tiempo adaptadas al TDAH. Empecemos por lo básico: temporizadores y alarmas. Estos serán tus nuevos aliados. Configurar un temporizador te ayuda a ser consciente del paso del tiempo y a dividir el trabajo en partes manejables. Por ejemplo, utilizar un temporizador para una sesión de trabajo enfocada de 25 minutos seguida de una pausa de 5 minutos (una técnica conocida como Técnica Pomodoro) puede aumentar significativamente tu productividad sin que te agotes ni pierdas la noción del tiempo.

Pero aquí es donde se hace aún más específico para el TDAH: integrando estas herramientas en tus tareas de organización. Supongamos que decides despejar tu espacio de trabajo. En lugar de abordarlo como una tarea gigantesca e inabarcable, divídela: programa un temporizador de 10 minutos para ordenar los papeles, otros 10 para organizar el material de escritorio y quizá otros 10 para ocuparte del desorden digital. Este método te mantiene en movimiento antes de que el aburrimiento se instale y proporciona una estructura clara que ayuda a gestionar tu tiempo de manera efectiva, transformando una limpieza temida de horas en una serie de logros rápidos y manejables.

La priorización es otro ámbito en el que el cerebro del TDAH puede luchar, pero también brillar con las técnicas adecuadas. La clave está en distinguir entre lo urgente y lo importante, una habilidad crucial para gestionar la percepción del tiempo del TDAH. Las tareas urgentes exigen atención inmediata (piensa en un teléfono que suena), mientras que las tareas importantes contribuyen a los objetivos a largo plazo y al bienestar (como pagar las facturas o concertar citas con el médico).

Elaborar una "matriz de prioridades", a veces denominada Matriz de Eisenhower, puede ser útil en esta situación. Esta sencilla herramienta consiste en dibujar un cuadrado, dividirlo en cuatro casillas, etiquetarlas en función de la urgencia y la importancia, y luego asignar las tareas en consecuencia. Esta ayuda visual puede agilizar tu proceso de toma de decisiones y ayudarte a discernir entre lo que necesita tu atención ahora y lo que puede esperar, reduciendo la sensación de agobio y ayudándote a centrarte en las tareas adecuadas en el momento adecuado.

Matriz Eisenhower

Urgente e importante	Importante pero no urgente
Urgente pero no importante	Ni urgente ni importante

Evitar las trampas del tiempo — actividades sospechosas o distracciones que devoran tu tiempo sin que te des cuenta — es esencial, y su identificación requiere un poco de autorreflexión. ¿Cuáles son tus ladrones de tiempo? ¿Son las redes sociales, el perfeccionismo o quizá perderte en los detalles de una tarea? Una vez identificados, estrategias como fijar horarios específicos para chequear los correos electrónicos o utilizar aplicaciones que limiten tu tiempo en las redes sociales pueden ayudarte a mantener bajo control estas trampas del tiempo.

Desarrollar la conciencia del tiempo implica cultivar una percepción del paso del tiempo, que puede ser difusa en la mentalidad del TDAH. Un ejercicio eficaz es el "registro del tiempo", en el que, durante una semana, anotas cuánto tiempo crees que te llevará una tarea antes de empezarla y luego registras el tiempo real empleado. Esta práctica puede ser reveladora para comprender tu percepción personal del tiempo y mejorar tus habilidades de estimación temporal.

Establecer rutinas de conciencia del tiempo puede anclar tu vida diaria, reemplazando tus estimaciones optimistas. Estas rutinas implican fijar horarios específicos para actividades, muy similar a un horario escolar. Alinea estas actividades con tus niveles de energía natural — trabaja en las tareas más desafiantes durante tus momentos de mayor energía y reserva las tareas que requieran menos energía para tus períodos más flojos. Estos patrones predecibles pueden mejorar significativamente tu forma de gestionar el tiempo y planificar el día.

Por último, aplicar estas técnicas de gestión del tiempo a situaciones de la vida real puede convertirlas en hábitos. Por ejemplo, si estás planificando un día de limpieza, traza un calendario utilizando la matriz de priorización, establece temporizadores para cada tarea y prepárate para las trampas del tiempo manteniendo a raya las distracciones. Este enfoque estructurado hace que la tarea sea más manejable y entrena a tu cerebro para pensar y actuar con mayor conciencia temporal.

Al adoptar estas estrategias personalizadas, no te estás forzando a entrar en un molde convencional de gestión del tiempo; estás creando un nuevo proceso que respeta y utiliza la forma única en que funciona tu cerebro con TDAH. En última instancia, las herramientas de gestión del tiempo realzan el tapiz de tu vida, hilo a hilo.

Herramientas y Aplicaciones de Organización Adaptadas al TDAH

Navegar por el mundo con TDAH puede parecer a veces como intentar enviar mensajes de texto con los guantes puestos, algo factible pero innegablemente desafiante. Afortunadamente, en esta era de tecnología e innovación, disponemos de herramientas y aplicaciones diseñadas específicamente para simplificar la vida de quienes padecen TDAH. Estos dispositivos y aplicaciones actúan como salvavidas, poniendo orden en tu mente cuando tienes mil cosas entre manos. Pero antes de sumergirte en el mar digital, es crucial elegir las herramientas adecuadas. El cerebro con TDAH ansía la novedad y se aburre rápidamente, por lo que las herramientas y aplicaciones que elijas deben ser atractivas, intuitivas y realmente útiles para mantenerte enganchado.

A la hora de seleccionar las herramientas adecuadas, ten en cuenta qué es lo que más te cuesta. ¿Es recordar las tareas que debes realizar? ¿Priorizarlas? ¿O tal vez sea simplemente el agobio de tener demasiadas cosas que hacer? Recuerda que estas herramientas y aplicaciones no son soluciones únicas para todo. Son adaptables a tus necesidades particulares. Pueden actuar como cerebros externos, ayudando a gestionar tu carga cognitiva para que puedas centrarte más en ejecutar tareas que en recordarlas.

Por ejemplo, si con frecuencia pierdes el hilo de las tareas, una sencilla aplicación de lista de tareas que te permita clasificarlas y establecer recordatorios puede cambiar las reglas del juego. Busca aplicaciones que ofrezcan atractivo visual y personalización para mantener altos los niveles de compromiso: las tareas codificadas con colores, las alarmas personalizables y las interfaces visualmente atractivas pueden hacer que la planificación rutinaria sea mucho más estimulante y atractiva. La clave está en encontrar lo que mejor funcione para ti.

Hablando de aplicaciones, exploremos algunas que han demostrado ser valiosas. Para gestionar las tareas cotidianas, aplicaciones como Todoist y Asana te permiten dividir los proyectos en tareas y subtareas manejables. Son fantásticas para quienes piensan más visualmente y para cualquiera a quien le guste tachar elementos de una lista. Para los que tienen problemas con la gestión del tiempo, Toggl y Focus@Will pueden ayudarte a controlar el tiempo que dedicas a las tareas e incluso a configurar música para mejorar la concentración. También está Evernote, una aplicación versátil perfecta para quienes necesitan anotar cada pensamiento, enlace o imagen que se les pasa por la cabeza, ayudando a mantener a raya el desorden digital.

Si bien las herramientas digitales son brillantes y emocionantes, no debemos pasar por alto el poder de las herramientas no digitales. A veces, lo mejor es recurrir a la vieja escuela. Las agendas físicas, por ejemplo, pueden ser increíblemente eficaces. Hay algo en anotar las tareas en papel que ayuda a memorizarlas. Para los planificadores visuales, los calendarios de pared o las pizarras de corcho pueden convertir la planificación en una forma de arte, haciendo mucho más fácil comprender el flujo de sus semanas y meses de un vistazo.

Las notas adhesivas son perfectas para esos pensamientos o tareas aleatorias que te vienen a la cabeza en momentos inoportunos. Colócalas en tu escritorio, refrigerador o monitor del ordenador para tener recordatorios visuales.

La integración de estas herramientas en tu rutina diaria es la clave. Tener las herramientas es una cosa, pero utilizarlas eficazmente es otra. Empieza por revisar tu agenda digital o física como ritual matutino. Esto marcará el tono de tu día y te ayudará a priorizar las tareas. Integra las revisiones de la aplicación en tus descansos diarios: aprovecha estos momentos para actualizar tus progresos o ajustar tu lista de tareas. Haz que estas herramientas formen parte de tu espacio vital.

- Mantén tu agenda abierta en tu escritorio.

- Ten tu calendario a la vista.

- Haz que tus aplicaciones sean fácilmente accesibles en tu teléfono u ordenador.

Al seleccionar e integrar cuidadosamente en tu vida estas herramientas y aplicaciones adecuadas para el TDAH, estás creando un marco que favorece tu pensamiento y su procesamiento. La creación de un ecosistema personalizado de herramientas te mantiene organizado y hace que el proceso sea lo suficientemente atractivo como para seguirlo a largo plazo. Las herramientas te ayudarán a superar cada día y a construir un sistema sostenible que apoye tu singularidad para que puedas prosperar tanto en tu esfera personal como profesional.

Al concluir este capítulo, recuerda que el objetivo aquí no es la perfección, sino el progreso. Las herramientas y aplicaciones que elijas, ya sean digitales o no digitales, deben empoderarte y transformar la organización diaria de una tarea en un elemento positivo en tu vida. A medida que avanzamos, ten presente que estas herramientas son más que ayudas; son peldaños hacia una mayor confianza y control sobre tu entorno, que allanan el camino hacia una vida más organizada, productiva y satisfactoria. Con las herramientas adecuadas, cada día es una oportunidad para afinar tu sistema. Descubre qué es lo que mejor te funciona y sigue avanzando para dominar tu TDAH, no solo para vivir con él.

3

Métodos Prácticos de Organización y Limpieza

"Ordenar y despejar es infinitamente más fácil cuando piensas en ello más como una decisión sobre qué conservar, que como una decisión sobre qué tirar."

— Francine Jay

A menudo, organizar nuestro desorden puede parecer una tarea abrumadora, sobre todo cuando te enfrentas a un mar de posesiones y a un plan de acción incierto. Sin embargo, con las estrategias adecuadas, deshacerse del desorden puede convertirse en un proceso manejable e incluso satisfactorio.

Este capítulo se sumerge en métodos prácticos diseñados para agilizar el proceso de orden y limpieza, haciéndolo más eficaz y menos desalentador. Desde el Método de los cinco contenedores, que simplifica las decisiones, hasta el poder del apoyo entre pares, pasando por la ludificación del proceso de limpieza, las estrategias de toma de decisiones, la organización visual y el desorden consciente, estas técnicas están diseñadas para ayudarte a crear un espacio vital más organizado y armonioso.

Tanto si te ocupas de un pequeño cesto como de una habitación entera, estos métodos proporcionan un enfoque estructurado para ayudarte a conseguir un entorno libre de desorden que aporte paz y claridad a tu vida diaria.

El Método de los Cinco Contenedores: Racionalizar el Proceso de Limpieza

Introducción al Método de los Cinco Contenedores

Imagina lo siguiente: en lugar de sentirte abrumado por un desorden caótico, cuentas con un enfoque sistemático que simplifica el desorden. Este es el poder del Método de los Cinco Contenedores. Al clasificar tus pertenencias en contenedores para conservar, donar, vender, reciclar y desechar, este método transforma la pesada tarea del orden en una serie de decisiones sencillas. Es como tener una guía personal para tu desorden, que garantiza que cada objeto encuentre el lugar que le corresponde sin dudas ni rodeos.

Prepárate para el Éxito

Comenzar con el Método de los Cinco Contenedores es muy fácil. Todo lo que necesitas son cinco contenedores, claramente etiquetados para cada categoría. Pueden ser cajas, cubos o incluso zonas designadas de una habitación. La clave es tener un espacio dedicado a cada categoría, para que el proceso de clasificación sea fluido y eficaz.

Aquí tienes una guía paso a paso para determinar tus cinco contenedores:

- **Conservar:** Quédate con los objetos que te alegran el corazón o te hacen la vida más fácil. Después de ordenar, devuélvelos al lugar que les corresponde.

- **Donar:** Estos objetos valiosos ya no encajan en tu vida, pero podrían alegrarle el día a otra persona.

- **Vender:** ¿Tienes objetos demasiado valiosos para regalarlos? Apártalos para venderlos y ganar algo de dinero. Este contenedor puede ser motivador: ¡es convertir el desorden en dinero!

- **Reciclar:** El reciclaje es tu opción ecológica para todos los objetos que no deberían ir al vertedero pero que tampoco se pueden donar ni vender.

- **Descartar:** Por último, desecha todo lo que ya no tenga remedio. Despídete de los objetos rotos, desgastados o inservibles.

Coloca estos contenedores en fila y empieza a clasificar. Evalúa cada objeto una sola vez, decide su destino y deposítalo en el contenedor correspondiente. ¡Es como organizar casi en piloto automático!

Organización Eficaz con el Método de los Cinco Contenedores

La belleza del Método de los Cinco Contenedores es su eficacia. Te obliga a tomar decisiones rápidas y evita el error habitual de mover los objetos de una pila a otra, sin llegar nunca a tomar realmente una decisión. A continuación, se presentan algunos consejos para que la clasificación sea rápida y eficaz. Al seguir estas sugerencias, sentirás una sensación de logro al ver cómo disminuye tu desorden y se transforma tu espacio.

- **Establece un temporizador:** Date un tiempo limitado para cada sesión de clasificación (digamos, 20 minutos). Esto te mantendrá enfocado y te impulsará a actuar con rapidez.

- **Un objeto a la vez:** Evalúa cada objeto una sola vez. Decide dónde va en el sistema de cinco contenedores y sigue adelante.

- **Nada de "quizás":** Evita la pila de "quizás", ¡es una trampa! Decide, aunque sea difícil hacerlo. Recuerda que la indecisión es el mayor causante del desorden.

Más Allá de lo Básico

Recuerda que este método no es inamovible. Cuando te sientas cómodo con la configuración básica de cinco contenedores, adáptala a tus necesidades y espacio. Por ejemplo, si vives en el noreste, es posible que necesites un sexto cubo para los artículos de temporada. Además, si tu cubo de "Vender" está siempre desbordado, podrías necesitar subdividirlo en cubos de "Venta Online" y "Venta de Garaje".

Personalízalo sobre la marcha — el sistema debe funcionar para ti, no al revés. Esta flexibilidad te asegura que el Método de los Cinco Contenedores no es rígido; es una herramienta a la que puedes dar forma para que se adapte a tus circunstancias particulares, haciendo que tu viaje de organización y limpieza sea más cómodo y práctico.

En esencia, el Método de los Cinco Contenedores establece un cambio de mentalidad. Te enseña a tomar decisiones con más confianza y evita que vuelva el desorden. La colocación de cada artículo se convierte en una acción intencionada y tu espacio se transforma en un reflejo auténtico de ti, lleno únicamente de cosas que cumplen una función o que evocan alegría.

Este proceso también puede traer beneficios emocionales, ya que te permite desprenderte de objetos que podrían estar obstaculizándote o generando estrés innecesario. Así que, arremángate, etiqueta esos contenedores y transforma tu espacio de caos a claridad.

Despejar tu Espacio con un Compañero: Cómo Puede Ayudar el Apoyo Entre Pares

Imagina enfrentarte a tu desorden como un esfuerzo conjunto, lleno de risas y progresos. Ese es el poder de organizar y limpiar tu espacio con un amigo. Tu compañero aligerará la carga y hará que el proceso sea más alegre y eficaz. Al organizar tu espacio junto a un amigo, cuentas con un par de manos extra para acelerar el proceso y con un compañero que comprende los desafíos únicos de mantener la concentración y la motivación, especialmente para quienes padecen TDAH.

Los beneficios de tener un compañero de organización son múltiples. En primer lugar, está la motivación. Al igual que tener un compañero de gimnasio que te empuja a superar esas últimas repeticiones dolorosas, un compañero de limpieza puede impulsarte a seguir adelante cuando tu energía decae o te asaltan las distracciones. Están ahí para animarte, mantener la energía alta y, quizás lo más importante, hacerte responsable. Es más difícil posponer o abandonar la tarea cuando otra persona está implicada y cuenta contigo.

Además, la mera presencia de otra persona puede ayudar a anclar tu concentración, manteniendo a raya ese impulso inducido por el TDAH de distraerte con otra tarea. Sin embargo, es esencial comunicarse abiertamente y establecer expectativas claras para evitar posibles conflictos o malentendidos. Recuerda, el objetivo es apoyarse mutuamente mientras ponen las cosas en orden, no añadir más estrés.

La elección del compañero adecuado para la limpieza es crucial: debe ser alguien que no solo comprenda los desafíos del TDAH, sino que también aporte un ambiente de apoyo y sin prejuicios. Puede ser un amigo íntimo que entienda tus dificultades, un familiar que comparta tu sentido del humor o incluso un colega que quiera crear un espacio de trabajo más tranquilo y organizado. Si no tienes a nadie en tu círculo más cercano, considera la posibilidad de unirte a un grupo local de organización y limpieza o de encontrar un compañero virtual a través de las comunidades online.

La clave es la compatibilidad y la comodidad, ya que estarás abriendo tu espacio personal, tanto física como emocionalmente. Tiene que ser alguien que pueda empujarte suavemente cuando lo necesites, pero que también sepa cuándo hace falta tomarse una pausa para el café.

Establecer reglas básicas es tu siguiente paso hacia el éxito respecto al orden y la organización. Deben crear un horario flexible y acordar un marco básico que respete las necesidades de ambos. Decidan el horario: cuándo empezar, cuándo hacer descansos y cuándo dar por terminada la sesión. Acuerden los objetivos de cada sesión, desde limpiar un solo cajón hasta organizar una habitación entera. Estas reglas cubren la logística y garantizan que ambos estén de acuerdo, haciendo que el proceso sea más fluido y agradable. Se trata de crear una comprensión compartida de que esto es un esfuerzo de equipo, donde tanto las victorias como los desafíos se comparten.

No hay que subestimar el poder de vocalizar tus éxitos y contratiempos. En la agonía de ordenar montones de pertenencias, es fácil atascarse con lo que va mal o lo que queda por hacer. Tómate momentos para celebrar las victorias, por pequeñas que sean.

- ¿Has despejado una estantería? ¡Celébralo!

- ¿Te has desprendido por fin de viejos DVD que ya no veías? ¡Choca esos cinco!

Estos momentos de reconocimiento son cruciales para mantener la moral alta. Asimismo, cuando surjan desafíos, es importante discutirlos. Tal vez estés luchando por decidir si conservar o donar un artículo en particular, o sientas que la cantidad de cosas te abruma. Articular tus dificultades puede llevarte a descubrir nuevas perspectivas, aliviar tu ansiedad y generar ideas y soluciones frescas.

Incorporar a un amigo a tus esfuerzos de orden transforma la tarea en solitario en un esfuerzo compartido, rico en apoyo, risas y motivación mutua. Así que, llama a ese amigo, concreta una cita y enfrenten juntos ese desorden. No sólo despejarán sus espacios, sino que también crearán recuerdos y estrecharán lazos, haciendo que toda la experiencia sea infinitamente más valiosa.

Desafíos Rápidos de Organización y Limpieza: Ludificar el Proceso de Limpieza

¿Quién dijo que ordenar tiene que ser una tarea monótona reservada para esos raros arrebatos de motivación? ¿Y si pudieras convertirla en un juego en el que cada reto completado te acercara un paso más a un espacio más ordenado y a una auténtica sensación de logro? Aquí es donde entra en juego la ludificación del proceso de limpieza, transformando lo que de otro modo sería una tarea tediosa en una actividad atractiva, casi adictiva.

Imagina abordar la limpieza como un videojuego o un partido deportivo, en el que cada tarea completada te da puntos o recompensas. Este enfoque no solo hace que el proceso sea más agradable, sino que también aprovecha el amor del cerebro con TDAH por la gratificación inmediata y el logro.

Desafíos Divertidos y Prácticos

Introducir algunos desafíos de organización y limpieza, divertidos pero prácticos, puede revolucionar tu enfoque. Aquí tienes algunas ideas para empezar:

- **Reto 12-12-12:**
  ¿La misión? Encontrar 12 objetos que tirar, 12 que donar y 12 que devolver a su lugar, todo ello en un tiempo determinado, digamos 30

minutos. Este reto te ayuda a eliminar rápidamente 36 objetos y aporta una sensación de urgencia y juego que puede hacer que el tiempo vuele.

- **Barrido de Cinco Minutos:**
Pon un temporizador durante cinco minutos y ve cuánto desorden puedes eliminar en ese periodo. Te sorprendería lo mucho que puedes conseguir mientras corres contra el reloj.

- **La Ruleta de la Limpieza:**
Escribe diferentes tareas en papeles pequeños (como "ordenar la ropa", "limpiar la encimera", "vaciar el basurero") y mételos en un frasco. Saca uno al azar y dedica 10 minutos a completarlo.

- **Desafío de la Canción:**
Elige una canción animada y trata de completar tantas tareas como puedas antes de que termine. La música no solo hace que la tarea sea más divertida, sino que también establece un límite de tiempo natural.

Estos retos pueden convertir un tedioso día de limpieza en una serie de momentos victoriosos, brindándote satisfacción y una sensación de progreso.

Incorporar estos desafíos de organización y limpieza a tus rutinas diarias o semanales puede optimizar tus esfuerzos continuos de gestión del desorden. Se trata de crear un hábito en el que la limpieza se convierta en algo tan regular y rutinario como lavarse los dientes, pero más divertido. Puedes establecer una "limpieza de diez minutos" al final de cada día, en la que elijas un mini-desafío para abordar. Tal vez el lunes te centres en la cocina; el martes, en el baño, y así sucesivamente. A medida que estos retos se conviertan en una parte habitual de tu rutina, dejarán de ser esfuerzos extraordinarios para convertirse en otra parte agradable de tu día. Con el tiempo, este método puede reducir significativamente el desorden general de tu casa, haciendo que cada reto sea más fácil y rápido de completar.

Celebrar las Victorias

Un aspecto crucial de la ludificación de tu proceso de organización y limpieza es celebrar tus victorias. Cada vez que completes un reto, dedica un momento a apreciar lo que has conseguido. ¿Has terminado el "Reto 12-12-12"? Recompénsate con un pequeño capricho, como un bocadillo favorito o un episodio de TV que te guste. ¿Has completado hoy tres sesiones independientes de 10 minutos para ordenar o limpiar? Quizás podrías regalarte un libro nuevo o una noche de cine con amigos. Estas celebraciones refuerzan el comportamiento positivo, haciendo que sea más probable que sigas con los retos a largo plazo. También ayudan a fomentar la confianza y la sensación de logro, lo que puede ser especialmente alentador si has tenido problemas con el desorden y la organización.

Además, compartir tus éxitos con amigos o familiares puede amplificar los beneficios. Puedes publicar fotos del antes y el después en las redes sociales o compartir tus logros con un compañero de orden. Esto te hace responsable y te permite recibir apoyo y ánimo, aumentando tu motivación para seguir adelante. Esto hace que la limpieza y el orden dejen de ser una tarea solitaria y se conviertan en una alegría compartida, difundiendo una sensación de logro e inspirando a otros a iniciar sus propios retos de organización y limpieza.

Convertir el desorden en una serie de retos transforma el proceso de una tarea tediosa en un juego atractivo y gratificante. Cada reto se convierte en una oportunidad de ganar, de demostrar que puedes conquistar el caos, un reto divertido y cronometrado cada vez. Así que pon los cronómetros, elige tu reto y prepárate para convertir ese desorden en una colección de victorias, cada una de las cuales te acercará al espacio organizado y sereno que te mereces.

¿Necesito Esto? Estrategias de Toma de Decisiones para Eliminar lo que Sobra

Mirar una pila de "quizás" durante una sesión de limpieza puede parecer como si te pidieran que resolvieras un cubo de Rubik mientras vas en una montaña rusa: abrumador, frustrante y un poco absurdo, ¿verdad? Para las personas con TDAH, la toma de decisiones durante la limpieza es más complicada que elegir lo que se queda o se va. Luchamos con un torbellino de indecisión que a menudo interfiere en nuestros esfuerzos de desacumulación. Aquí es donde entran en juego los consejos estratégicos para la toma de decisiones adaptados al TDAH, que transforman la parálisis potencial en una acción decisiva.

En primer lugar, abordemos la superación de la parálisis por decisión. Se trata de un problema habitual en el que te encuentras paralizado, intentando decidir si conservar, donar o tirar un objeto. La pila física que tienes delante no es lo que causa la parálisis. La parálisis por decisión está causada por el desorden mental que conlleva el TDAH.

Para combatir la parálisis de la decisión:

- Establece reglas claras y temporales para tu sesión de orden y limpieza. Por ejemplo, date un máximo de dos minutos para decidirte por cada objeto.

- Utiliza un temporizador para imponer este límite, creando una sensación de urgencia que ayude a despejar la indecisión.

Muchas personas con TDAH descubren que responden bien a los plazos inmediatos, lo que puede ayudar a transformar la indecisión en acción rápida. Si estableces plazos claros para ordenar y utilizas un temporizador para cumplirlos, puedes crear una sensación de urgencia que acabe con las dudas. Este enfoque te permite tomar decisiones rápidas y concluyentes y tomar el control del proceso de orden y limpieza.

Cuando tengas un objeto en la mano y entres en un ciclo de pensamientos del tipo "¿pero y si lo necesitara más tarde?", hazte las siguientes preguntas para guiar tus decisiones:

- **¿Cuándo fue la última vez que lo usé?** Es probable que no sea tan esencial como crees si ha pasado más de un año.

- **¿Es funcional?** Si está roto y lleva años esperando a que lo reparen, es hora de dejarlo ir.

- **¿Me hace feliz o me sirve para algo?** Si no te aporta alegría o utilidad, ¿por qué conservarlo?

- **¿Tengo otra cosa que sirva para lo mismo?** Los objetos duplicados a menudo pueden reducirse.

- **¿Otra persona podría beneficiarse más de este artículo?** A veces, la idea de que un objeto ayude a otra persona puede facilitar el proceso de desprenderse de él.

Estas preguntas están diseñadas para ayudarte a eliminar el desorden mental, aliviar el posible estrés emocional (¡es decir, un tira y afloja emocional!) y centrarte en tomar decisiones prácticas y racionales.

La Regla de un Año es otra joya de la caja de herramientas del orden. Esta regla es muy sencilla: si no has utilizado el objeto en más de un año, probablemente no sea necesario conservarlo. Aplicar esta regla puede reducir drásticamente el volumen de objetos de tu espacio, simplificando tu entorno y tu proceso de toma de decisiones. Es especialmente eficaz porque te da un criterio claro y cuantificable que elimina las conjeturas a la hora de decidir.

Sin embargo, es lo bastante flexible como para adaptarse a las circunstancias personales o a artículos concretos, como ropa de temporada o para ocasiones especiales. Por ejemplo, si tienes un abrigo de invierno que solo utilizas durante los meses más fríos, puedes ajustar la regla a: "Si no has utilizado el artículo en más de un año, y no es un artículo de temporada, probablemente no sea necesario conservarlo."

El manejo de objetos sentimentales es algo totalmente distinto. Estos objetos nos tocan la fibra sensible y hacen que las decisiones racionales parezcan casi imposibles. Aquí tienes un consejo: en lugar de ocuparte de ellos durante una sesión normal de limpieza, reserva un momento concreto para ocuparte de los objetos sentimentales. Acércate a ellos cuando te sientas mentalmente preparado, no durante una intensa sesión de limpieza.

Utiliza el método de la narrativa: cada objeto tiene una historia y, al contarla, honras el recuerdo antes de decidir si conservarlo, fotografiarlo o deshacerte de él. Este enfoque respeta el valor emocional sin aferrarse necesariamente a su manifestación física.

Historia de Éxito: Orden y Limpieza con la Regla de un Año

Fíjate en la historia de Sam, un colega con TDAH, que convirtió un garaje abarrotado hasta el tope en un refugio espacioso y organizado utilizando estas estrategias. Sam comenzó aplicando la Regla de un año, que le ayudó a eliminar los equipos deportivos que no utilizaba y los muebles viejos. Conservó algunos objetos sentimentales, como las herramientas de su difunto abuelo, y fotografió el resto antes de donarlos. Este proceso despejó el espacio físico y, de forma bastante inesperada, aportó a Sam una sensación de paz y logro, demostrando el poder de una depuración reflexiva.

En esencia, organizar y limpiar para una persona con TDAH no tiene por qué ser una tarea cargada de indecisión. Con las estrategias adecuadas —decisiones en el momento oportuno, cuestionamiento crítico, la Regla de un Año y un tratamiento especial de los objetos sentimentales— puedes convertir la parálisis de la decisión en acción práctica. Cada elección tiene menos que ver con la pérdida y más con la creación de un espacio que refleje y apoye realmente tu personalidad, haciendo sitio no solo en tu casa, sino también en tu mente y tu corazón.

Organizar tu Espacio con Pistas Visuales

Si alguna vez has pasado más tiempo buscando herramientas en el garaje que utilizándolas, o si encontrar un par de calcetines iguales es como jugar a la búsqueda del tesoro, es hora de que consideres el poder de la organización visual. La organización visual no es solo un concepto de moda, sino una solución práctica que puede mejorar significativamente la vida de las personas con TDAH. Diseñando un entorno que se alinee con el cerebro del TDAH, a menudo estimulado por señales visuales, puedes crear un espacio que te guíe sin esfuerzo hacia las tareas diarias, reduciendo la carga mental que suponen la búsqueda y la toma de decisiones.

Las estrategias de organización visual son sencillas y eficaces. El principio es claro: cuanto más fácil sea ver algo, más fácil será gestionarlo. Esto implica utilizar estratégicamente etiquetas, códigos de colores y disposiciones visuales para crear un flujo intuitivo en tu espacio.

Empieza por la etiquetación, una estrategia básica pero profundamente beneficiosa. Invierte en una etiquetadora o utiliza rotuladores de colores para etiquetar estanterías, cubos, cajones y objetos individuales. De este modo, cada objeto tendrá su lugar claramente marcado, y pasarás menos tiempo adivinando dónde están las cosas o dónde encontrarlas. Las etiquetas actúan como recordatorios constantes y claros de dónde deben ir las cosas, lo que hace que volver a colocarlas en su sitio sea casi automático.

El código de colores no es solo una estrategia visual, sino una poderosa herramienta que aprovecha la capacidad de respuesta al color del cerebro con TDAH. Es como organizar por asociación. Al asignar colores específicos para distintos tipos de objetos o tareas, puedes encontrar las cosas más rápidamente y categorizar mentalmente las tareas y pertenencias más fácilmente, reduciendo el esfuerzo cognitivo necesario para clasificarlas. Organizar y recuperar se convierte en algo muy sencillo cuando cada categoría de objetos tiene un color. Esta estrategia sencilla pero eficaz puede transformar tu espacio y tu vida cotidiana.

Implementar disposiciones visuales en tu sistema de organización también puede mejorar significativamente la funcionalidad de tu espacio. Esto podría significar disponer los objetos en estanterías abiertas en lugar de detrás de las puertas cerradas de los armarios. Cuando puedes ver lo que tienes de un vistazo, ahorras tiempo y evitas la acumulación de duplicados innecesarios. Del mismo modo, utilizar cubos de almacenaje transparentes es otra herramienta eficaz. Ya sea para la ropa de temporada debajo de la cama o para los materiales de manualidades en la oficina, los cubos transparentes te permiten ver lo que hay dentro sin rebuscar, convirtiendo una búsqueda potencialmente frustrante en un acceso rápido y sencillo.

Crear espacios amigables para el TDAH significa hacer que tu entorno trabaje para ti. Este proceso implica adaptar tanto la organización de los elementos físicos como la forma en que te recuerdas a ti mismo las tareas y rutinas. Las señales visuales son muy valiosas: considera la posibilidad de colocar un planificador diario visual en un lugar destacado de tu hogar o lugar de trabajo. Un calendario grande y colorido puede marcar fechas y tareas importantes, para que sea difícil pasarlas por alto.

Las notas adhesivas también pueden ser recordatorios estratégicos colocados en zonas de mucho tránsito o en lugares donde haya que realizar tareas, como una nota en el espejo del baño para recordarte que debes tomar la medicación o una en el refrigerador para preparar la compra.

Estas estrategias visuales no solo mantienen tu espacio organizado, sino que también lo transforman en un entorno dinámico y fácil de usar que se alinea de manera natural con el funcionamiento de tu cerebro. Cuando todo lo que te rodea habla tu lenguaje visual, mantenerte organizado se convierte menos en una tarea y más en una parte inherente de tu vida diaria.

Se trata de convertir el ruido visual de un espacio desordenado en una armoniosa sinfonía visual que guíe tus acciones y tranquilice tu mente, todo ello con el poder de la vista. Así que toma esas etiquetas, busca tus colores favoritos y transforma tu espacio en un refugio visualmente organizado que complemente y realce tu forma única de transitar por el mundo.

Organización Consciente: Conservar lo que Importa

Imagina el proceso de organización no sólo como un acto físico de ordenar y limpiar, sino como una práctica consciente que entrelaza tu bienestar emocional con el estado de tu entorno. Para las personas con TDAH, la organización consciente consiste en tomar decisiones con intención, conciencia y comprensión de cómo contribuye cada objeto a su calidad de vida. Este enfoque va más allá de la limpieza superficial, ya que fomenta una conexión más profunda con tu entorno y contigo mismo, convirtiendo el desorden en una experiencia transformadora y no sólo en una tarea. Se trata de encontrar paz y claridad en tu espacio.

La organización consciente empieza con un cambio de perspectiva: ver cada objeto desde el punto de vista de su función práctica y como parte de tu narrativa personal. Cada pertenencia encierra una historia: de dónde viene, cómo te hace sentir y si aún sirve para algo. Intenta sostener cada pieza y reflexionar conscientemente sobre su origen y función. Pregúntate: "¿Este objeto me aporta alegría o sirve para algo, o simplemente ocupa espacio? ¿Mejora mi entorno o lo complica?". Esta evaluación consciente te ayuda a conectar con tus posesiones a un nivel más profundo, haciendo que desprenderte de ellas o conservarlas sea un acto más intencionado.

Desprenderse de los objetos con gratitud es un poderoso método asociado a la organización consciente. Cada objeto del que decidas desprenderte ha desempeñado un papel en tu vida, ya sea funcional o emocional. Reconoce su servicio, agradécele su utilidad y luego déjalo ir con gratitud por cómo ha contribuido a tu vida. Esta práctica no sólo alivia la ansiedad de separación que suele acompañar al proceso de organización, sino que también convierte la despedida en una experiencia positiva y reflexiva. Se trata de soltar objetos con agradecimiento, no con pesar, lo que puede aligerar considerablemente la carga emocional del orden.

La organización y limpieza se centra sobre todo en eliminar el exceso, pero la organización consciente pone énfasis en conservar lo que añade valor a tu vida. Esta estrategia desplaza la narrativa de lo que eliminas a lo que decides conservar, una diferencia sutil pero poderosa. Se trata de conservar en lugar de purgar. Cuando busques entre tus pertenencias, céntrate en conservar los objetos que mejoren tu bienestar, te aporten felicidad y apoyen tu estilo de vida. Este enfoque positivo hace que el proceso sea más de celebración y menos de pérdida, alineando tu espacio físico con tus valores y aspiraciones.

Regla "Uno Dentro, Uno Fuera"

La Regla "Uno dentro, uno fuera" no es simplemente una norma. Es un camino para mantener la claridad y la tranquilidad que has logrado con el proceso de organización y limpieza. Este sencillo principio funciona tal y como suena: por cada nuevo objeto que entra en tu espacio, debe salir uno viejo. Esta regla ayuda a mantener tus pertenencias en un estado de equilibrio constante, evitando que el desorden vuelva a apoderarse de tu espacio recién organizado. Seguir esta regla puede darte una sensación de logro y satisfacción, al saber que mantienes el orden y el equilibrio en tu espacio. A continuación, se presenta un enfoque paso a paso para aplicarla:

- **Categoriza:** Aplica la regla de "uno dentro, uno fuera" por categorías: ropa, libros, dispositivos electrónicos, etc. Así mantendrás el equilibrio entre las categorías y evitarás que una zona se vuelva a desordenar.

- **Evalúa:** Al considerar una nueva compra, piensa a qué artículo va a sustituir. ¿Es mejor el nuevo artículo? ¿Añade más valor o alegría a tu vida que el objeto al que sustituye?

- **Ponla en práctica:** Haz que esta regla forme parte de tus hábitos de compra. Antes de comprar algo nuevo, decide qué saldrá de tu casa. Esto frena las compras impulsivas y te anima a pensar críticamente sobre lo que realmente necesitas.

Aunque la regla de "uno dentro, uno fuera" parece sencilla, ponerla en práctica puede ser un reto, sobre todo cuando se trata de objetos con valor sentimental o de alto costo. Para superar estos retos, céntrate en la calidad y utilidad de lo que guardas. Recuérdate a ti mismo que el espacio, la claridad y el orden también son valiosos, y que mantenerlos puede valer la pena a cambio de desprenderse de objetos menos valiosos o menos queridos.

Adherirse a esta regla tiene un impacto profundo a largo plazo. Promueve un enfoque sostenible hacia el consumo, donde la atención plena en la adquisición de nuevos artículos se convierte en un hábito tan común como la atención plena en el proceso de organización y limpieza. Esto mantiene tu espacio físico despejado y alinea tu entorno vital con tus objetivos y valores vitales más amplios, fomentando una sensación de paz y satisfacción.

Al practicar la organización consciente, puedes transformar el acto de organizar de una tarea tediosa a una práctica significativa que respete tu bienestar emocional y tus necesidades ambientales. Es una forma de recuperar tu espacio y restablecer una sensación de paz y orden, haciendo de tu casa un verdadero santuario que refleje y apoye quién eres y aspiras a ser realmente.

Para concluir este capítulo sobre la organización y la limpieza, recuerda que cada objeto que decidas conservar o dejar ir no es sólo para hacer espacio, sino para que tu vida sea un reflejo de tu personalidad más auténtica.

¿Estás Listo para Dar Una Mano?

Marca la Diferencia Con tu Opinión

"La verdadera alegría no proviene de lo que obtenemos, sino de lo que d amos."

— Ben Carson

La mayoría de la gente juzga un libro por su portada (y sus reseñas). Por lo tanto, aquí va mi petición en nombre de un adulto que lucha contra el TDAH y al que nunca has conocido.

Por favor, ayuda a ese compañero o compañera con TDAH dejando una reseña de este libro.

Al compartir tu opinión sincera sobre este libro en Amazon, podrás cambiar para siempre la vida de otro adulto con TDAH. Tu reseña podría ayudar a ese adulto a...

...evitar las compras impulsivas.

...superar su parálisis por análisis de las decisiones.

...aprender a mantener su espacio organizado.

...recuperarse con éxito al caer en viejos patrones.

...maximizar su productividad y alcanzar más objetivos.

...sentirse más seguro en su vida personal y profesional.

Para experimentar esa sensación reconfortante de haber ayudado a alguien, por favor, deja tu reseña, te llevará menos de un minuto.

Sólo tienes que escanear el código QR que figura a continuación para dejar tu opinión.

Si te sientes bien ayudando a un adulto con TDAH al que probablemente nunca conocerás, ¡eres mi tipo de persona! ¡Bienvenido al club de los que "tienden una mano"!

Espero que las sugerencias y herramientas ofrecidas en el libro te ayuden a transformar tus desafíos en fortalezas, a crear un oasis de paz en tu hogar y a aumentar tu confianza más rápidamente de lo que puedas imaginar.

¡Agradezco tu apoyo!

Tu mayor admirador,

Papercuts Publishing

P.D. Dato curioso: Si proporcionas algo de valor a otra persona, te conviertes en alguien más valioso para ella. Si crees que este libro ayudará a otras personas con TDAH, ¡compártelo con ellos!

4
Rutinas y Sistemas Diarios

"No se trata de serperfecto. Se trata de esforzarse. Y cuando aportas
ese esfuerzo cada día, esallí donde se produce la transformación."
— Jillian Michaels

¿ Alguna vez has sentido que estás dando vueltas en círculos y no llegas a ninguna parte? Si estás asintiendo con la cabeza, estás en buena compañía, especialmente entre los que padecemos TDAH. Pero aquí hay una reflexión: ¿y si te dijera que establecer una rutina diaria podría ser tu arma secreta? No se trata de cualquier rutina, sino de una que sea lo bastante flexible como para adaptarse a la imprevisibilidad del TDAH y, al mismo tiempo, proporcione la estructura suficiente para mantenerte conectado a tierra. Puede sonar como intentar mezclar aceite con agua, pero con el enfoque adecuado, puedes crear una rutina que no sólo se mantenga, sino que se convierta en la piedra angular de un día más tranquilo y predecible. Esta sensación de control y autonomía puede aumentar tu confianza y hacerte sentir más capaz de controlar tu TDAH.

En el camino hacia una vida más organizada y productiva, especialmente para quienes gestionan el TDAH, nunca se insistirá lo suficiente en el poder de la rutina. En este capítulo profundizaremos en la importancia de las rutinas y los sistemas diarios, haciendo hincapié en que la constancia y el esfuerzo, más que la perfección, son las claves de la transformación. Al crear rutinas flexibles adaptadas al TDAH y aprovechar herramientas y técnicas prácticas, puedes construir una base que respalde tus necesidades únicas. Ya sea estableciendo un ritual matutino que marque un tono positivo para el día o incorporando listas de comprobación y automatización para agilizar las tareas, estas estrategias están diseñadas para ayudarte a mantener la concentración, reducir el estrés y mejorar tu bienestar general. A medida que avances en la lectura, descubrirás cómo personalizar estas rutinas para que se ajusten a tu vida, haciendo que cada día sea más manejable y satisfactorio.

El Poder de la Rutina: Cómo Construir un Día Amigable con el TDAH

Estructura con Flexibilidad: Adaptando las Rutinas Diarias a las Necesidades del TDAH sin Dejar de Proporcionar Estructura

Claro, hay una melodía principal, pero tienes libertad para improvisar de vez en cuando. Nuestro objetivo es lograr ese tipo de estructura — flexible, adaptable, pero indiscutiblemente armoniosa. La clave para confeccionar tal rutina no radica en llenar cada minuto con actividad; más bien, se trata de establecer bloques de tiempo con tareas específicas en mente. Por ejemplo, podrías designar las horas de la mañana, cuando tu mente está más fresca, para el trabajo creativo, y las tardes, cuando necesitas un poco de estimulación externa para mantener el interés, para las reuniones. Este tipo de estructura reconoce los altibajos en tu energía, no como obstáculos, sino como ritmos naturales con los que trabajar, haciendo que tu día se sienta menos como una marcha forzada y más como una danza. Tomemos a John, coordinador de eventos, quien padece TDAH, como ejemplo. John descubrió que programar su trabajo artístico por la mañana y las reuniones por la tarde maximizaba su creatividad y productividad.

Rutinas Matutinas y Vespertinas: Reduce la Fatiga por Decisiones y Empieza/Finaliza el Día Con Calma

El comienzo y el final del día son fundamentales. Una rutina matutina sólida puede incluir pasos sencillos como la hidratación (un vaso de agua a primera hora hace maravillas), unos minutos de estiramientos para sacudirte el sueño y una breve sesión de planificación para establecer las intenciones del día. Estas sencillas rutinas despiertan tu cuerpo, encienden tu propósito y establecen un tono proactivo para el día que tienes por delante.

Por el contrario, una rutina nocturna puede consistir en relajarse: bajar la intensidad de las luces, escribir un poco en un diario para descargar los pensamientos del día y fijar la hora de acostarse para recordar al cerebro que es hora de desconectarse. Estas rutinas actúan como señales para tu cerebro, indicando cuándo es el momento de prepararse y relajarse, reduciendo la fatiga por decisiones y ayudando a mantener un ritmo circadiano saludable. Pueden aportarte alivio y calma, haciéndote sentir más a gusto.

La Importancia de las Pausas Programadas y las Recompensas para Mantener la Motivación y la Concentración a lo Largo del Día

Ahora, animemos las cosas con descansos y recompensas, ¿te parece? Los descansos programados son algo más que meras pausas. Forman parte de tu ritmo de productividad. Cada 90 minutos aproximadamente, haz una pequeña pausa para estirarte, tomar un refrigerio o hacer algo no relacionado con el trabajo. Estas pausas te permiten mantener la cordura. Al realizar pausas evitas el agotamiento y mantienes tu cerebro fresco durante más tiempo.

Y no olvides incorporar también algunas recompensas en tu día. ¿Has terminado una tarea difícil? Regálate una pausa de 10 minutos para ver un video, tomar un pequeño refrigerio o tener una charla rápida con un amigo. Las recompensas ayudan a mantener la motivación y hacen que comenzar tareas menos atractivas resulte más interesante. Pueden aportar una sensación de logro y motivación, haciéndote sentir más recompensado y motivado en la gestión de tus tareas.

Ajustar y Adaptar las Rutinas a Medida que Cambian las Necesidades y las Circunstancias para Garantizar que Sigan Siendo Eficaces y Provechosas

La vida no es estática, y tus rutinas tampoco deberían serlo. El ingrediente secreto es la adaptabilidad. Compruébalo contigo mismo con regularidad: ¿Tu rutina sigue siendo útil para ti? ¿Qué necesitarías ajustar? Los cambios pueden ser tan sencillos como pasar el ejercicio de la mañana a la noche o cambiar los horarios de los bloques de trabajo para aprovechar las horas de máxima concentración. El objetivo es permanecer en sintonía con tus necesidades y estar dispuesto a cambiar las cosas para adaptarlas a los cambios en tu vida o a los cambios en tus síntomas de TDAH. Esta flexibilidad garantiza que tus rutinas evolucionen contigo, reduciendo el caos y aumentando la estabilidad en tu vida diaria.

Al diseñar estas rutinas adaptadas al TDAH, recuerda que el objetivo no es encadenarte a un horario, sino liberarte de la aleatoriedad que a menudo puede dominar tus días. Se trata de crear un marco que apoye tu flujo de trabajo natural, conserve tu energía mental y te mantenga en tu mejor momento. Así que, toma estas ideas, adáptalas a tu ritmo y observa cómo tus días empiezan a parecerse a una orquesta bien dirigida, donde cada armonía te deja sintiéndote más en control y, tal vez, incluso un poco orgulloso de cómo estás dominando la vida cotidiana.

Sistemas de Listas de Verificación que Realmente Funcionan para el TDAH

¿Alguna vez has sentido que tu lista de tareas pendientes es una bestia rebelde a la que le crecen dos cabezas por cada una que consigues cortar? Si te resulta familiar, estás en el lugar adecuado. Hablemos de cómo crear sistemas de listas de verificación que controlen tus tareas y hagan que completarlas sea pan comido.

Para los que hacemos malabarismos con el dúo dinámico de la vida diaria y el TDAH, una lista de verificación puede ser vital, si se configura correctamente. El truco está en hacer que estas listas sean visualmente atractivas y fáciles de seguir, garantizando que aumenten la productividad en lugar de contribuir al desorden.

Crear listas de comprobación prácticas es un arte, especialmente para el cerebro con TDAH, que a menudo se nutre de estímulos visuales y recompensas rápidas. Empieza por dividir tus tareas en pasos concretos y procesables. En lugar de una tarea nebulosa como "organizar la oficina", una lista de control podría incluir elementos como "ordenar los cajones del escritorio", "etiquetar los archivadores" y "ordenar los libros por géneros en las estanterías". Cada tarea es un mini objetivo, alcanzable y sencillo.

Para aumentar el atractivo visual, utiliza colores e iconos. Asigna un color específico a cada categoría de tareas: azul para el trabajo, verde para las tareas personales y quizá amarillo para los recados. Los iconos también pueden ayudar a identificar rápidamente las tareas, como un librito para leer o un carrito para hacer la compra. Este tipo de codificación capta la atención, facilitando la visualización de la lista, lo que resulta beneficioso para evaluar rápidamente tu día.

Priorizar las tareas dentro de estas listas de control es vital para asegurarte de que no solo estás haciendo las cosas correctamente, sino que también estés haciendo las cosas correctas. Un método que funciona de maravilla en este caso es el sistema de prioridades ABC.

- **Tareas A:** Éstas son tus tareas imprescindibles: sufrirás consecuencias importantes si no las completas hoy.

- **Tareas B:** Son tareas importantes que debes hacer, pero que podrían esperar si fuera necesario.

- **Tareas C:** Estas tareas son agradables de realizar cuando tienes tiempo extra.

Este sistema te obliga a tomar decisiones estratégicas sobre tu día, centrando tu energía donde más se necesita y evitando la trampa demasiado común del TDAH de estar todo el tiempo ocupado sin progresar.

El papel de las herramientas digitales en la gestión y actualización de estas listas de verificación no debe ser subestimado. Aplicaciones de listas de verificación digitales como Todoist o Microsoft To Do pueden ser increíblemente efectivas. Estas ofrecen funciones como recordatorios, fechas de vencimiento y la posibilidad de reorganizar las tareas fácilmente, lo que puede ayudarte a mantener el rumbo.

Muchas de estas aplicaciones también se sincronizan en todos tus dispositivos, garantizando que puedas acceder a tus tareas, tanto si estás en casa en tu computadora como si estás fuera sólo con tu smartphone. Esta integración perfecta puede ayudarte a evitar la tendencia al olvido o a perder el hilo de las tareas asociadas al TDAH, proporcionando una herramienta organizativa constante y accesible.

Casos de Éxito: Cómo las Listas de Verificación Personalizadas Aumentan la Productividad

Para dar vida a este concepto, consideremos algunas historias de éxito. Tomemos a Jamie, por ejemplo, una diseñadora gráfica freelance con TDAH que tenía dificultades para gestionar los múltiples proyectos de sus clientes. Tras cambiar a un sistema digital de listas de verificación con prioridades codificadas por colores y recordatorios para cada fase de sus proyectos, Jamie experimentó una notable mejora en el cumplimiento de sus plazos, menos estrés y más satisfacción en su trabajo.

Por otro lado, tenemos a Alex, un profesor de secundaria que utilizaba un sencillo sistema de listas de verificación en papel, visualmente dispuestas con bolígrafos de colores y símbolos. Este sistema ayudó a Alex a controlar la planificación de las clases, las calificaciones y las tareas administrativas, reduciendo significativamente la ansiedad relacionada con el trabajo y aumentando la productividad.

En esencia, ya sea digital o analógica, la clave de un sistema eficaz de listas de verificación reside en su capacidad para reducir la carga cognitiva. Esto facilita ver rápidamente qué se debe hacer y cuándo. Diseñar estos sistemas para que sean visualmente atractivos, fáciles de seguir y se actualicen con regularidad, puede convertirse en una poderosa herramienta para controlar el TDAH, transformando los días caóticos en días estructurados y productivos.

Con el sistema de listas de verificación adecuado, puedes aprovechar tus fortalezas y manejar tu día con una clara sensación de dirección y propósito, marcando una casilla a la vez.

El Arte del Mantenimiento: Mantener a Raya el Desorden

Enfrentarse al desorden puede, en ocasiones, sentirse como luchar contra un espiral interminable: justo cuando crees haber dejado tu espacio ordenado y limpio, aparece otra pila de objetos aparentemente de la nada. En lugar de organizar una ronda de limpieza y organización de vez en cuando, vamos a convertir el mantenimiento en una rutina tan natural como lavarse los dientes. Exploremos cómo mantener un entorno ordenado creando hábitos y sistemas que lo conviertan en una parte natural de tu día, en lugar de una carga.

Las sesiones regulares de organización y limpieza son tu primera línea de defensa contra el desorden. Dedicando sesiones cortas y frecuentes — digamos, 15 minutos al día o 30 minutos a la semana — exclusivamente al mantenimiento, estarás tomando el control de tu espacio. Puedes elegir una zona distinta cada vez o dedicarte al espacio que te resulte más agobiante. La clave es la constancia. Convertir estas sesiones en algo habitual en tu agenda divide la tarea en trozos manejables y evita que cualquier área se descontrole demasiado. Piensa en ello como un mantenimiento preventivo de tu espacio vital, una forma de empoderarte y mantener tu entorno bajo control.

Convertir el mantenimiento en un hábito es lo que produce la transformación fundamental. El objetivo es integrar pequeñas tareas de organización en tu rutina diaria. Por ejemplo, un rápido repaso a tu salón cada noche, guardar los objetos perdidos antes de acostarte u ordenar tu escritorio en los últimos minutos de tu jornada laboral. Estas pequeñas acciones, con el tiempo, se acumulan y mantienen tu espacio siempre ordenado sin mucho esfuerzo adicional. ¿Y sabes qué es lo mejor? Una vez arraigados estos hábitos, empiezan a parecer automáticos: te encontrarás ordenando sin siquiera pensar en ello.

Establecer sistemas para los artículos entrantes y salientes es fundamental para evitar que el desorden se acumule. Esto puede implicar la creación de un contenedor específico para el correo que necesita ser clasificado, una caja para artículos que deben ser devueltos o donados, o incluso un lugar designado para cosas que necesitan reparación. Estos sistemas garantizan que todo tenga un lugar al que ir, en lugar de estar esparcido por tu hogar. Se trata de crear un flujo que prevenga de manera natural la acumulación del desorden.

Por ejemplo, podrías establecer una estación cerca de la puerta de entrada donde clasifiques de inmediato el correo y los paquetes a medida que llegan, reciclando el correo no deseado en el acto y moviendo los documentos esenciales a una bandeja específica en tu escritorio para ser tratados durante tu próxima sesión de administración. Estos sistemas brindan alivio y tranquilidad, sabiendo que todo está en su lugar y bajo control.

Las adquisiciones conscientes no consisten sólo en evitar el desorden. Se trata de hacer elecciones intencionadas que añadan valor a tu vida. Cada objeto que introduzcas en tu casa debe tener una finalidad clara y un lugar designado. Antes de comprar algo, hazte estas preguntas clave:

- **¿Lo necesito?**

- **¿Dónde se ubicará en mi hogar?**

- **¿Estoy reemplazando algo que puedo descartar?**

Esta reflexión te ayuda a evitar las compras impulsivas que a menudo contribuyen al desorden. Se trata de ser intencionado con lo que dejas entrar en tu espacio, asegurándote de que cada nueva adición añada realmente valor a tu vida. Este proceso de adquisiciones conscientes te aporta una sensación de logro y satisfacción, al saber que controlas tus decisiones de compra y que cada objeto de tu casa sirve para algo. *(Consulta el Capítulo 3 para ver más ideas sobre compras reflexivas y organización consciente).*

Puedes mantener tu espacio organizado y funcional estableciendo sesiones periódicas de organización, convirtiendo el mantenimiento en un hábito, creando enfoques sistemáticos para manejar tus pertenencias y siendo consciente de lo que compras. Un hogar ordenado es fantástico, pero crear un entorno que favorezca tu bienestar y productividad, reduzca el estrés y mejore tu calidad de vida en general, ¡es sensacional!

Así que adopta estas estrategias, observa cómo se despeja el desorden y tu espacio (¡y tu mente!) se ordenan de forma refrescante.

Organiza tus Pensamientos: Diarios de Viñetas y Mapas Mentales

Hablemos sobre cómo gestionar el torbellino de pensamientos, ideas y tareas que a menudo inunda tu mente mientras equilibras el TDAH y las responsabilidades cotidianas. Aquí es donde entran en juego el dúo dinámico de los diarios de viñetas y los mapas mentales: herramientas que no solo se adaptan, sino que celebran la flexibilidad y creatividad del cerebro con TDAH. Estos lienzos para tus pensamientos te permiten desahogarte y estructurar tu desorden mental de una manera que tenga sentido y te aporte calma.

El Diario de Viñetas para el TDAH: Cómo la Flexibilidad del Diario de Viñetas se Adapta al Cerebro con TDAH, Permitiendo la Creatividad y la Adaptabilidad

Llevar un diario de viñetas representa un verdadero salvavidas para el cerebro con TDAH debido a su extraordinaria adaptabilidad. Imagina esto: en lugar de utilizar un planificador rígido y preestructurado que te obligue a encerrar tus pensamientos y tareas en pequeñas casillas, utilizar un diario de viñetas que ofrece un espacio fluido y personalizable.

Este diario puede ser exactamente lo que necesites: un planificador diario, un cuaderno de bocetos, un registro de sueños o una combinación de todos ellos. Esta flexibilidad es crucial para las mentes con TDAH, que pueden sentirse limitadas por los planificadores tradicionales. La naturaleza permisiva del diario de viñetas te permite crear reglas que pueden ajustarse a medida que cambian tus necesidades y estados de ánimo.

Puedes rastrear tus hábitos, anotar ideas espontáneas o enlistar tus tareas con facilidad, todo en un solo lugar. Este método reduce la ansiedad de mantener listas y cuadernos separados al consolidar tus pensamientos utilizando un enfoque creativo y satisfactorio.

Además, escribir a mano puede ser un proceso calmante, proporcionando una experiencia táctil que ayude a anclar tus pensamientos.

Mapas Mentales para Lograr una Mayor Claridad: Utiliza Mapas Mentales para Organizar Pensamientos, Proyectos y Tareas de Forma Visual

Los mapas mentales aprovechan el amor inherente del cerebro con TDAH por el aprendizaje y el pensamiento visual. Los mapas mentales pueden ser un soplo de aire fresco si alguna vez te has sentido abrumado por las limitaciones lineales de la toma de notas tradicional o la enumeración de tareas.

Empezando con una idea o tema central, te ramificas en subtemas o subtareas, creando una red visual de tus pensamientos o componentes del proyecto. Esto hace que los proyectos complejos parezcan más manejables y refleja el patrón de pensamiento no lineal natural del cerebro con TDAH.

Es una forma de ver las relaciones entre las distintas ideas o fases de un proyecto sin perder de vista el panorama general. Para los pensadores visuales, este método puede mejorar significativamente la comprensión y la retención, y la construcción de un mapa mental puede ser una actividad que fomente la concentración.

Combinar Herramientas para Lograr la Máxima Eficacia: Estrategias para Utilizar Diarios de Viñetas y Mapas Mentales en Conjunto para Gestionar Tareas e Ideas

Si bien cada herramienta es efectiva por sí sola, combinarlas puede crear un poderoso recurso organizativo. Comienza con un mapa mental para generar ideas sobre un proyecto o desglosar visualmente una idea compleja. Esta puede ser tu etapa de planificación general. Una vez que hayas delineado tus pensamientos, transfiérelos a tu diario de viñetas como elementos accionables o notas detalladas. Por ejemplo, las ramas de tu mapa mental podrían convertirse en tareas específicas en tu diario de viñetas, con plazos y casillas de verificación. Esta síntesis garantiza que tus ideas no se pierdan en la confusión y proporciona un camino claro desde la conceptualización hasta la acción, adaptado a la propensión del TDAH al pensamiento visual y creativo.

Plantillas y Fuentes de Inspiración para Diarios de Viñetas y Mapas Mentales

Existen innumerables recursos disponibles si te preguntas cómo comenzar o si buscas formas de enriquecer tus diarios y mapas mentales. Desde plantillas descargables que ofrecen puntos de partida estructurados hasta tableros de Pinterest llenos de inspiración artística, la comunidad de diarios de viñetas y mapas mentales es vasta y notablemente creativa. Para los diarios de viñetas, considera comenzar con diseños simples que rastreen tus tareas diarias, tu estado de ánimo y  quizás algunas líneas para pensamientos libres o bocetos. Puedes imprimir páginas de diario de viñetas de forma gratuita desde sitios como 101planners.com o lifeismessyandbrilliant.com, o adquirir un diario de viñetas encuadernado por tan solo $12 en Amazon.

Si no estás seguro de qué es un diario de viñetas o necesitas un impulso inicial, ve algunos videos de YouTube sobre diarios de viñetas. ¡Podrán activar tu creatividad! A medida que te sientas más cómodo, puedes experimentar con diseños más elaborados o colecciones personalizadas, como listas de lectura o rastreadores de ejercicios, o incluso unirte a una comunidad de diarios de viñetas como Bujo U. Para los mapas mentales, herramientas de software como XMind o FreeMind ofrecen lienzos digitales perfectos para mapas complejos y extensos, mientras que unos simples bolígrafos de colores y un cuaderno en blanco pueden ser todo lo que necesitas para elaborar mapas más sencillos y portátiles.

Al integrar estas herramientas en tu repertorio organizativo, podrás rastrear fácilmente tus tareas e ideas y comprometerte con ellas de una manera intuitiva y estimulante. Los diarios de viñetas y los mapas mentales no solo almacenan tus pensamientos y reflexiones, sino que también respaldan la forma en que funciona tu cerebro, haciendo de la organización una extensión natural de tu proceso de pensamiento. Así que, toma un cuaderno o una herramienta digital y comienza a explorar cómo estos sistemas pueden aportar claridad, creatividad y calma a tu mundo caótico.

Simplificarla Planificación de Comidas y la Compra: Un Enfoque Sistemático

Planificar las comidas y hacer las compras puede ser una actividad creativa en la que tú eres el artista y tus ingredientes son la obra maestra. Si esto te parece exagerado, permíteme explicarlo. Para aquellos de nosotros con TDAH, la tarea ordinaria de decidir qué comer puede convertirse a veces en un ciclo de estrés semanal. ¿Y si te dijera que, con un sistema simplificado de planificación de comidas, puedes reducir la fatiga por las decisiones y convertir tus esfuerzos en la cocina en una zona de creatividad culinaria libre de estrés?

Racionalizar la planificación de tus comidas empieza por adoptar un enfoque simplificado. Esto significa tener una estrategia clara y reproducible que minimice el número de decisiones que debes tomar desde cero cada semana. Empieza por crear una plantilla de comidas: piensa en ella como un esquema básico que varía lo suficiente como para que las cosas sigan siendo emocionantes, pero que sigue siendo lo suficientemente estructurado como para ser manejable. Por ejemplo, designa temas para cada día de la semana: Lunes sin carne, Martes de tacos y Viernes de sofritos. Esta plantilla actúa como una guía que puede ayudarte a decidir rápidamente qué tipo de comidas preparar, reduciendo el titubeo diario sobre qué cocinar. Una vez establecidos los temas, rota algunas de tus recetas favoritas en cada categoría. Este método acelera el proceso de decisión sobre las comidas y hace que la compra sea más predecible y eficiente, ya que necesitarás ingredientes similares de una semana a otra.

La eficiencia en la compra de alimentos es otro componente crítico de la gestión de comidas sin estrés. El objetivo es hacer que tus compras sean más rápidas, menos frecuentes y más útiles. Una estrategia eficaz es crear una lista maestra de la compra que se corresponda con tu plantilla de comidas. Esta lista debe incluir todos los ingredientes que necesitas habitualmente para las comidas temáticas. Tener esta lista en el teléfono, quizá en una aplicación específica que te permita marcarla fácilmente, significa que nunca más te encontrarás deambulando sin rumbo por los pasillos del supermercado. Considera la posibilidad de organizar tu lista por disposición de la tienda o por categoría (productos agrícolas, lácteos, productos básicos de la despensa) para ahorrar tiempo y evitar dar marcha atrás. Si aventurarte en el supermercado te resulta abrumador, la mayoría de las tiendas ofrecen ahora la posibilidad de comprar por Internet con entrega a domicilio, opciones que reducen significativamente el estrés relacionado con las compras.

Cuando se trata de cocinar, hacerlo por lotes y planificar las comidas pueden ser un salvavidas, sobre todo cuando tienes la agenda demasiado apretada para pensar siquiera en preparar una comida. Dedica algunas horas un día a la semana — los domingos son el día adecuado para la mayoría — a preparar grandes lotes de alimentos básicos como cereales, proteínas y verduras picadas. Guárdalos en recipientes transparentes y etiquetados en el refrigerador, listos para preparar rápidamente comidas a lo largo de la semana. Este método te ahorrará tiempo en las ajetreadas noches de la semana y te asegura tener a mano opciones sanas y caseras, reduciendo la tentación de pedir comida para llevar. Preparar y organizar las comidas al principio de la semana puede proporcionarte una reconfortante sensación de control y logro, estableciendo un tono positivo para los días siguientes.

Herramientas y Aplicaciones Recomendadas que Pueden Ayudar con la Planificación de Comidas, las Listas de la Compra y la Organización de Recetas

En el mundo tecnológico de hoy en día, las herramientas y aplicaciones pueden ayudarte a planificar las comidas y hacer la compra más fácilmente. Aplicaciones como Mealime y Paprika te ayudan a planificar tus comidas y a generar listas de compra basadas en tus recetas seleccionadas, asegurándote de que compres exactamente lo que necesitas y nada más. Para aquellos que disfrutan llevar un registro digital de su inventario de despensa, aplicaciones como Pantry Check permiten ingresar los productos que tienes a mano, recordarte las fechas de caducidad y sugerir recetas basadas en tu stock actual, lo cual es especialmente útil para minimizar el desperdicio de alimentos. Integrar estos asistentes digitales en tu rutina de gestión de comidas puede reducir la carga mental de la planificación y la compra, liberando más tiempo y energía para disfrutar de los aspectos creativos y gratificantes de la cocina.

La adopción de estas estrategias — planificación simplificada de las comidas, compra eficiente de alimentos, cocina práctica por lotes y herramientas digitales útiles — transforma lo que antes podía ser un calvario estresante en una parte racionalizada y agradable de tu vida. Al adoptar estas ideas, te alimentas a ti mismo o a tu familia mientras alimentas tu creatividad, reduces el estrés diario y recuperas la alegría de cocinar de una forma que respeta y se adapta a los ritmos únicos de tu cerebro con TDAH. Así que, adopta estos consejos, adáptalos a tu estilo de vida y observa cómo tu cocina se convierte en un paraíso de creatividad culinaria y calma.

Automatiza tu Entorno para Facilitar tu Vida Cotidiana

Imagina vivir en un espacio que no sólo comprenda tus necesidades, sino que se anticipe a ellas, permitiéndote gestionar tu TDAH con mayor eficacia. Lo que antes era sólo un sueño o una escena representada en una película de ciencia ficción, ahora es una realidad. Hoy en día, la domótica puede hacer maravillas por ti, sobre todo a la hora de controlar el TDAH. Integrar tecnología inteligente en tu casa puede reducir significativamente la carga cognitiva de las tareas diarias, permitiéndote conservar esa energía mental para actividades más exigentes. La automatización crea un entorno sin fisuras que apoya tus rutinas diarias, reduciendo el impacto de los olvidos o las distracciones asociadas al TDAH.

La domótica tiene diversas formas, desde la más sencilla hasta la más sofisticada, y empezar con algo pequeño puede suponer cambios significativos en la forma de interactuar con tu espacio vital. Considera el impacto de la iluminación automatizada: las luces se encienden gradualmente a medida que se acerca la mañana, imitando el amanecer para una rutina de despertar más natural. O luces que se atenúan al acercarse la hora de dormir, ayudando a tu cerebro a relajarse para la noche. Estos ajustes pueden mejorar significativamente tu ritmo diario, alineando sutil pero eficazmente el reloj interno de tu cuerpo con tu entorno. El control del clima es otra área en la que brilla la automatización. Un termostato inteligente puede ajustar la temperatura a tus preferencias a lo largo del día o de la noche, garantizando que siempre estés cómodo sin constantes ajustes manuales. Eliminar la necesidad de microgestionar tu entorno puede crear un ambiente óptimo en el que puedas prosperar.

El ámbito de los dispositivos inteligentes para el hogar es amplio y variado, y ofrece una gran cantidad de herramientas que pueden ayudarte a agilizar tu vida y proporcionarte una sensación de alivio. Los altavoces inteligentes, por ejemplo, son fantásticos para establecer recordatorios, reproducir música o consultar rápidamente el tiempo, todo ello mediante comandos de voz. Imagina que preparas la cena y te das cuenta de que tienes que poner un recordatorio para una reunión al día siguiente. En lugar de lavarte las manos, buscar el teléfono y escribir el recordatorio, lo dices en voz alta y tu asistente lo establece por ti. No supone ningún esfuerzo, es eficaz y es exactamente la ayuda que puede facilitar la vida diaria de una persona con TDAH. Además, existen cámaras de seguridad, cerraduras de puertas y alarmas inteligentes que mejoran tu seguridad y tranquilidad. Estos dispositivos incorporan funciones como la vigilancia a distancia y envían alertas a tu teléfono, reduciendo la ansiedad relacionada con la seguridad del hogar.

Configurar estas herramientas de automatización requiere un enfoque reflexivo. Es importante elegir dispositivos y sistemas que se ajusten a tus necesidades específicas y sean compatibles entre sí. Empieza por identificar las áreas en las que la automatización podría tener un impacto más significativo en tu hogar. ¿Se trata de gestionar tareas rutinarias, mejorar la seguridad o quizás la gestión de la energía? Una vez que hayas identificado estas áreas, busca productos que satisfagan estas necesidades y se sincronicen entre sí. La compatibilidad es crucial para crear un sistema cohesionado y que funcione sin problemas. Considera la posibilidad de empezar con un centro de control, como Google Home o Alexa de Amazon, que pueda conectar varios dispositivos, permitiéndoles trabajar juntos de manera armoniosa.

A medida que vayas integrando estos dispositivos inteligentes en tu hogar, tómate tu tiempo para personalizar sus configuraciones y adaptarlos a tu estilo de vida. La mayoría de los dispositivos inteligentes ofrecen una serie de ajustes que pueden adaptarse a tus preferencias y horarios. Invertir en este tiempo de configuración inicial garantiza que cada dispositivo funcione de forma óptima para ti, haciendo que tu entorno te apoye intuitivamente. Es como tener un asistente personal que sabe exactamente cómo te gusta hacer las cosas y se ocupa de ello por ti, reduciendo las fricciones diarias y mejorando tu capacidad para centrarte en lo que realmente importa. Esta adaptabilidad es una característica domótica crucial, que se adapta a tus necesidades y circunstancias únicas.

Cuando instalas nuevos aparatos de automatización doméstica, estás configurando un ecosistema personal que se anticipa a tus necesidades y se adapta a ellas, haciéndote la vida más fácil y agradable. Ya sea simplificando las tareas rutinarias, mejorando el confort o asegurando tu hogar, cada elemento automatizado trabaja conjuntamente para favorecer un estilo de vida más organizado y menos estresante. La tecnología es otra herramienta para ayudarte a crear un espacio vital que apoye activamente tus esfuerzos para controlar el TDAH, combinando el soporte en segundo plano con la asistencia activa para ayudarte a vivir mejor día a día.

Al concluir esta exploración de la automatización de tu entorno, recuerda que el objetivo es aprovechar la tecnología para crear un espacio que comprenda y responda a tus necesidades, haciendo que las rutinas diarias sean más fluidas y agradables. Desde despertarte con el suave resplandor de la iluminación automatizada hasta disfrutar de la temperatura interior perfecta sin pensarlo, cada elemento de automatización está diseñado para reducir el estrés y mejorar tu entorno, ayudándote a vivir de manera más plena y libre. Mientras pasamos de los detalles de la automatización de tu entorno cotidiano a estrategias más amplias para gestionar eficazmente el TDAH, deja que estas herramientas te recuerden el poder práctico y transformador de la tecnología adaptada a tus necesidades personales.

5
Estrategias de Organización Específicas para el Hogar

"Un lugar para cada cosa y cada cosa en su lugar."
— Benjamin Franklin

C rear y mantener un hogar organizado puede parecer una tarea ardua, sobre todo cuando cada habitación tiene una finalidad única y presenta su propio conjunto de desafíos. Sin embargo, con estrategias adaptadas a espacios específicos, puedes transformar tu casa en un entorno funcional y armonioso. En este capítulo profundizaremos en los enfoques prácticos y adaptados al TDAH para organizar distintas zonas de tu hogar, desde la cocina y el dormitorio hasta el cuarto de baño y el garaje. Poniendo en práctica estas estrategias específicas para cada espacio, no sólo aumentarás el atractivo estético de tu casa, sino que también mejorarás tus rutinas diarias y tu bienestar general. Tanto si quieres agilizar tu rutina matutina en el cuarto de baño, crear un remanso de calma en el dormitorio o convertir la cocina en un modelo de eficiencia, estos consejos y técnicas te guiarán hacia un espacio vital más organizado y sereno.

Una Cocina Amigable para el TDAH: Simplificando la Preparación de Comidas

Organización por Zonas para Preparar y Cocinar las Comidas de Manera Eficiente

Al imaginar tu cocina, piensa en ella como en el plano de un parque de diversiones. Así como cada atracción o juego tiene su ubicación específica, tu cocina debe contar con zonas de trabajo designadas. Establecer áreas dedicadas para cada tipo de actividad optimiza tu proceso de cocción, te ahorra tiempo y reduce tu estrés. Al establecer zonas claras — una para el trabajo de preparación, otra para cocinar y otra para limpiar — estás dando un paso importante hacia una experiencia más eficiente y agradable en la cocina. Esta disposición estratégica evita que tengas que cruzar la cocina una docena de veces para hacer un bocadillo y convierte la preparación de la comida en una danza armónica en lugar de una frenética carrera.

Minimizar el Desorden en la Cocina: Estrategias para Mantener las Encimeras y las Zonas de Almacenamiento Libres de Desorden y Funcionales

El desorden es una receta para la frustración, sobre todo en la cocina. Empieza por despejar las encimeras, dejando a la vista sólo lo esencial. ¿Esa cafetera exprés que no usas desde las Navidades pasadas? Probablemente esté más a gusto en un armario que ocupando un valioso espacio en tu encimera. Adopta el mantra "fuera de la vista, en la mente", donde todo lo que necesitas está bien guardado pero es fácilmente accesible. Utiliza organizadores de cajones para los utensilios y una bandeja giratoria para las especias o condimentos. Mantener las superficies despejadas crea un entorno más espacioso y acogedor, reduce el estrés visual y facilita la limpieza.

Crear Sistemas de Limpieza Rápida y Fácil de la Cocina para Reducir la Resistencia a Cocinar

Si el resultado de cocinar se asemeja a un experimento científico fallido, es momento de optimizar tu proceso de limpieza. Un sistema efectivo es el enfoque de **"limpiar mientras cocinas"**. Así es como funciona:

- Cuando termines de usar un utensilio o un plato, enjuágalo inmediatamente o mételo en el lavavajillas en lugar de dejar que se una a la creciente pila de platos sucios.

- Limpia las encimeras y la cocina después de cada uso.

- Ten un cubo de compostaje cerca de tu zona de preparación para desechar las cáscaras y los residuos orgánicos.

- Considera la posibilidad de instalar un fregadero doble o uno extra grande para gestionar la vajilla de forma más eficaz, si el espacio lo permite.

La clave está en integrar la limpieza en tu rutina culinaria, no como una tarea separada y desalentadora. Este método reduce significativamente el tiempo de limpieza después de cocinar y mantiene tu cocina siempre lista para los invitados.

Utilizar Ayudas Visuales y Etiquetas para que los Objetos Sean Fáciles de Encontrar y Devolver a su Lugar

Las señales visuales son herramientas decorativas y funcionales que guían nuestras actividades diarias. En tu cocina, las etiquetas pueden suponer un cambio notable. Imagina todos los recipientes y estantes claramente marcados, guiándote directamente a lo que necesitas sin rodeos. Utiliza etiquetas en los tarros de especias, los recipientes de la despensa e incluso los estantes del frigorífico.

Ve un paso más allá y codifícalas por colores según la categoría: verde para las verduras, rojo para las carnes y azul para los lácteos. Esto te ayuda a encontrar los artículos rápidamente, pero también a colocarlos en su sitio, manteniendo el orden con el mínimo esfuerzo. El sistema de codificación por colores también puede ayudarte a controlar el inventario, haciendo que la compra y la planificación de las comidas sean más eficientes.Considera también la posibilidad de colocar un tablero central en la cocina donde puedas anotar las actualizaciones del inventario, las listas de la compra o los planes de comidas. Este recordatorio visual te mantiene al día de lo que hay disponible o de lo que hay que reponer, agilizando la preparación de las comidas y la compra.

Transformar tu cocina en un espacio amigable para el TDAH implica eliminar los obstáculos que hacen que cocinar parezca una tarea pesada y crear un entorno en el que se convierta en un placer. Para las personas con TDAH, contar con zonas claras, minimizar el desorden, optimizar la limpieza y utilizar ayudas visuales puede resultar particularmente beneficioso. Al establecer zonas definidas, reducir el desorden, simplificar el proceso de limpieza y emplear herramientas visuales, creas un espacio que apoya tus necesidades y enriquece tu experiencia culinaria. Adopta estas estrategias y realiza los ajustes necesarios para observar cómo tu cocina se transforma en un lugar donde la magia culinaria ocurre a diario con alegría y facilidad.

Transforma tu Dormitorio en un Refugio de Calma

Imagina tu dormitorio como un santuario, un retiro del caos del mundo. Considera qué elementos agregar y eliminar para convertirlo en un verdadero refugio de tranquilidad. Comienza con los colores de las paredes. Opta por tonos relajantes como azules suaves, verdes delicados o incluso un lavanda apagado, colores conocidos por sus efectos calmantes. A continuación, considera la iluminación. Las luces fuertes del techo pueden dificultar la relajación, así que introduce opciones de iluminación más suaves, como lámparas de cabecera o luces colgantes, que proporcionan un resplandor cálido y acogedor. Seleccionando cuidadosamente estos elementos, crearás un espacio que invite a la tranquilidad y al sueño reparador.

Los textiles también juegan un papel crucial en la ambientación del dormitorio. Invierte en ropa de cama de buena calidad y suave que te invite a acurrucarte y relajarte. Añade varias almohadas para mayor comodidad y tal vez una manta con peso, que se ha demostrado que reduce la ansiedad y proporciona una sensación reconfortante, similar a un abrazo. Mantén una decoración minimalista y significativa: unas cuantas fotos favoritas, una obra de arte que te tranquilice o una pila de libros que te guste. Por último, introduce elementos de la naturaleza. Una pequeña planta de interior o un jarrón de flores frescas pueden mejorar la calidad del aire y realzar la estética y el estado de ánimo de tu habitación. Al seleccionar meticulosamente lo que te rodea en tu santuario privado, puedes influir significativamente en la calidad de tu relajación y de tu sueño.

Estrategias para Mantener un Armario Organizado y Simplificar el Almacenamiento de Ropa

Ahora, abordemos el armario, que a menudo es un lugar oculto de caos. Un armario organizado puede agilizar considerablemente tu rutina matutina, reduciendo el estrés al empezar el día. Empieza por despejarlo. Si hace un año que no te pones una prenda o ya no te queda bien, considera la posibilidad de donarla. Una vez que hayas reducido tu armario, organiza tu ropa de una forma que tenga sentido para tu estilo de vida. Tal vez la clasifiques por ocasión — trabajo, informal, salidas — o por tipo — blusas, pantalones, vestidos. Utiliza perchas uniformes para conseguir un aspecto limpio y cohesionado que haga más accesible a la vista tus opciones. Al tomar el control de tu armario, avanzarás hacia una rutina diaria más confiada y eficiente.

Maximiza el espacio de tu armario utilizando separadores de estantes, cajones y cajas para guardar cosas. Los artículos de temporada o las prendas que se usan poco pueden ir en estantes más altos, mientras que los artículos de uso diario deben estar a la altura de los ojos y ser fáciles de alcanzar. Si tienes poco espacio, prueba con perchas multiusos, que pueden guardar varias prendas sin ocupar espacio adicional en la barra. Los zapatos pueden ser la parte más complicada: considera un organizador que se cuelgue en la puerta o un zapatero en la parte inferior del armario. Mantener tu armario organizado te ahorra tiempo y el estrés de rebuscar en un montón desordenado cada mañana.

Métodos para Reducir las Distracciones en el Dormitorio, Creando un Entorno más Propicio para el Sueño

Las distracciones pueden ser enemigas de la relajación y el sueño. Empieza por examinar qué aparatos electrónicos tienes en tu dormitorio. La luz de las pantallas puede interferir en tu ciclo de sueño, así que mantén televisores, portátiles e incluso teléfonos inteligentes fuera del dormitorio. Considera la posibilidad de cambiar a un despertador tradicional si utilizas el teléfono como alarma. Esto ayuda a mantener tu hora de acostarte libre de luz azul y notificaciones inesperadas. De lo contrario, silencia tu teléfono para garantizar un buen descanso nocturno.

Ten en cuenta también el nivel de ruido de tu habitación. Si el ruido exterior es un problema, considera la posibilidad de invertir en una máquina de ruido blanco o en tapones para los oídos. Ambos pueden ayudar a ahogar los sonidos molestos. Además, evalúa la cantidad de desorden físico que hay en tu habitación. Un espacio desordenado puede hacer que tu mente se sienta igual de desorganizada. Intenta mantener las superficies despejadas y los objetos guardados. Un enfoque minimalista puede ayudar a calmar la mente, facilitando la relajación y el sueño.

Establecer una Rutina Antes de Acostarse que Incorpore el Orden y la Preparación para el Día Siguiente

Una rutina nocturna es un pilar fundamental de una buena higiene del sueño. Incorporar la organización en tu rutina nocturna puede ser altamente beneficioso.

Dedica unos minutos cada noche a asegurarte de que todo esté guardado y listo para el día siguiente. Prepara tu ropa, organiza tu bolso o maletín, y decide qué desayunarás. Este proceso te ayuda a relajarte al enviarle un mensaje a tu cerebro de que el día está finalizando, y te prepara para un comienzo fluido a la mañana siguiente.

Además, incluye algunas técnicas de relajación en tu rutina. Ya sea leyendo un libro, haciendo algunos estiramientos suaves de yoga o escribiendo en un diario, encuentra una actividad que indique a tu cuerpo que es hora de calmarse y prepararse para dormir. Intenta acostarte y levantarte a la misma hora todos los días, incluidos los fines de semana. Un horario de sueño constante regula el reloj de tu cuerpo y te ayuda a conciliar el sueño y a permanecer dormido durante la noche. Crear y seguir una rutina para acostarte puede mejorar la calidad de tu sueño y transformar tu dormitorio en un refugio de descanso y relajación.

Organización del Baño: Simplificar tus Rutinas Matutinas y Vespertinas

¿Alguna vez has enfrentado el caos matutino en el baño? La pasta de dientes parece esparcirse por el espejo, las toallas emergen del suelo como hongos silvestres y reponer tu champú favorito antes de ducharte se convierte en una búsqueda del tesoro no planificada. Si este desorden te resulta familiar, vamos a optimizar tu baño para convertirlo de una zona frenética en un rincón tranquilo que establezca un tono sereno tanto para tus mañanas como para tus noches.

Ideas para Organizar los Artículos del Baño y Agilizar las Rutinas Matutinas y Nocturnas

Imagina que entras en tu cuarto de baño y ves todo en su sitio, cada cosa fácilmente accesible y bien guardada. Este sueño puede hacerse realidad con unas cuantas soluciones estratégicas de almacenamiento. Por ejemplo, considera la posibilidad de utilizar un organizador de encimera para tus artículos diarios de cuidado de la piel o un cajón superior para los artículos de aseo de uso frecuente. Los artículos de uso menos habitual pueden guardarse en un armario o debajo del lavabo. A continuación, añade separadores de cajones o pequeños cubos de almacenamiento para mantener las categorías de artículos separadas y fáciles de encontrar. Por ejemplo, mantén juntos todos los productos para el cuidado del cabello, coloca todos los productos para el cuidado de la piel en otra sección, y así sucesivamente. Esto no sólo mantendrá tus mostradores libres de desorden, sino que también te ahorrará un tiempo precioso durante las mañanas ajetreadas.

Considera la posibilidad de utilizar el espacio vertical de almacenamiento. Instala estanterías sobre el inodoro o en paredes vacías para guardar toallas, artículos de aseo o elementos decorativos. Los ganchos o estantes sobre la puerta pueden ser un salvavidas para colgar batas o toallas, manteniéndolas secas y alejadas del suelo. Para los cuartos de baño más pequeños, un botiquín con espejo puede servir tanto para almacenamiento como de espejo de tocador, lo que lo convierte en una opción funcional que ahorra espacio. Al asignar un lugar específico a cada objeto, conseguirás que tu cuarto de baño parezca más ordenado y que tus rutinas sean más fluidas y rápidas.

Hábitos Sencillos para Mantener Limpio el Baño con el Mínimo Esfuerzo

Mantener el baño siempre limpio no requiere horas interminables de fregado. En lugar de eso, adopta el hábito de "limpiar sobre la marcha". Limpia la encimera y el lavabo cuando termines tu rutina matutina. Una limpieza rápida diaria puede evitar la acumulación de suciedad y mantener las superficies limpias sin mucho esfuerzo. Ten a mano toallitas desinfectantes para este fin y piensa en un spray de ducha diario que puedas rociar rápidamente después de cada ducha para combatir la acumulación de restos de jabón.

Otro consejo es minimizar lo que mantienes a la vista. Menos desorden significa menos lugares donde el polvo y la suciedad pueden acumularse. Para limpiezas profundas rutinarias, establece un horario regular — quizás una limpieza exhaustiva una vez a la semana. Mantén todos tus suministros de limpieza en un lugar fácilmente accesible en el baño. El fácil acceso a tus suministros aumenta las probabilidades de que te adhieras a tu rutina de limpieza. Por ejemplo, utilizar un limpiador de cristales en la ducha inmediatamente después de terminar puede resultar efectivo para evitar marcas de agua y facilitar tu limpieza semanal.

Estrategias para Gestionar y Minimizar los Artículos de Cuidado Personal para Reducir el Desorden

Es fácil que los artículos de cuidado personal se acumulen e invadan el espacio de tu cuarto de baño. Comienza con una purga. Revisa tus productos y tira todo lo que esté caducado o no hayas usado en los últimos seis meses. Sé implacable: incluso si ese sérum fue costoso, si solo está acumulando polvo, no merece el espacio que ocupa. Una vez que hayas racionalizado tus productos, categorízalos y guárdalos de manera que reflejen tu rutina diaria. Utiliza recipientes de almacenamiento transparentes o cestas bajo el lavabo o en cajones con etiquetas como "cuidado del cabello", "cuidado de la piel" y "maquillaje". Categorizar y almacenar tus productos los mantiene fácilmente accesibles pero ocultos, reduciendo el desorden visual. Recuerda que, cuando te deshagas de artículos caducados, comprueba las normas locales de reciclaje o considera la posibilidad de donar los productos sin abrir a refugios u organizaciones benéficas locales.

Minimiza la acumulación futura con una sencilla política de "uno dentro, uno fuera". Antes de añadir un nuevo producto a tu colección, asegúrate de que sustituya a otro. Esta sencilla política te ayuda a mantener un número manejable de productos. También te asegura que sólo conservas los artículos que utilizas y que realmente te gustan, dándote una sensación de confianza y control sobre tus artículos de cuidado personal. *(Para una visión general en profundidad de la Regla "Uno dentro, uno fuera", vuelve a consultar el Capítulo 3).*

Implantación de Sistemas Visuales para Facilitar la Identificación y el Acceso a los Artículos de uso Frecuente

Para facilitar al máximo tu rutina matutina, implanta sistemas visuales en la organización de tu cuarto de baño. Etiqueta los estantes de tu botiquín o los contenedores de almacenamiento bajo el lavabo. Puede parecer poca cosa, pero te ahorrará minutos cada mañana: ya no tendrás que buscar el desodorante o el cepillo del pelo por todos lados. La codificación por colores también puede ser beneficiosa, sobre todo si compartes el cuarto de baño con otras personas. Asigna a cada compañero de piso o familiar un color para sus toallas, cepillos de dientes y objetos personales. Este sistema mantiene las cosas organizadas, evita confusiones y garantiza que cada uno se responsabilice de sus pertenencias.

Considera también la disposición de tu cuarto de baño desde una perspectiva visual. Coloca los productos en el orden en que los utilizas durante tus rutinas. Esta disposición te guía visualmente a través de tu rutina, haciéndola más rápida e intuitiva. Cada segundo cuenta en esas mañanas ajetreadas, y un cuarto de baño visualmente organizado puede ser la diferencia entre un comienzo apresurado y una salida calmada y puntual.

Escritorio Despejado, Pensamientos Claros: Cómo Crear un Espacio de Trabajo Adecuado para el TDAH

Imagina un espacio de trabajo que irradie productividad, en el que cada elemento cumpla su función y esté diseñado para mejorar tu eficacia y controlar tus rasgos de TDAH. El paso inicial hacia este entorno potenciador es establecer zonas de trabajo dedicadas. Imagina tu espacio de trabajo como un pequeño pueblo, donde cada zona es una tienda única especializada en un servicio específico. Podrías tener un "espacio de tormenta de ideas" con una pizarra blanca y rotuladores vibrantes para esos momentos de creatividad. Cerca, un "rincón de concentración" amueblado con un escritorio libre de desorden y herramientas esenciales para el trabajo en profundidad: las distracciones están estrictamente prohibidas aquí. Y, por supuesto, una "estación de recarga", quizás con una silla acogedora y una provisión de bocadillos saludables para esos descansos imprescindibles. Al definir claramente estas zonas, te haces cargo de tu espacio físico y mental. Cada zona incita a tu cerebro a adoptar un modo diferente, facilitando una transición fluida entre tareas con una resistencia mínima.

Despejar el desorden de la oficina es el siguiente paso crucial. Empieza con una limpieza a fondo. Sí, esa pila de informes viejos y el montón de bolígrafos inservibles necesitan ser eliminados. Adopta un enfoque minimalista. Si algo no cumple una función, no merece lugar en tu espacio de trabajo. Utiliza organizadores de cajón para mantener los artículos necesarios fuera de la vista pero al alcance de la mano. Invierte en soluciones de almacenamiento adecuadas para documentos y suministros de oficina. Un escritorio despejado equivale a una mente despejada, y para alguien con TDAH, esto puede ser la diferencia entre un día productivo y uno perdido. Acostúmbrate a reordenar tu espacio al final de cada jornada: prepáralo para las tareas del día siguiente. Esto mantiene tu escritorio organizado y te da una sensación de cierre, indicando a tu cerebro que la jornada laboral ha terminado.

Integrar el movimiento en tu espacio de trabajo puede no parecer una prioridad hasta que consideras la energía inquieta que suele acompañar al TDAH. Estar

sentado mucho tiempo no sólo es agotador físicamente, sino también mentalmente. Incorpora una pequeña zona de tu escritorio donde puedas trabajar de
pie. Considera la posibilidad de colocar una tabla de equilibrio o un ejercita-
dor de pedales bajo tu escritorio cuando tus piernas necesiten moverse pero tú
necesites seguir trabajando. Los estiramientos periódicos o un paseo rápido por
la habitación también pueden vigorizar tu mente, ayudándote a mantener la
concentración. Haz que el movimiento forme parte de tu rutina, programando
un temporizador que te recuerde levantarte cada hora. Esto no solo te ayudará a
controlar la hiperactividad y la impulsividad, sino que también mejorará tu salud
en general.

La ergonomía y la comodidad en tu espacio de trabajo son necesidades absolutas.
Un espacio de trabajo ergonómico reduce el esfuerzo físico y aumenta la productividad. Tu silla debe apoyar bien la espalda y permitir que tus pies descansen
planos sobre el suelo. La parte superior de la pantalla del ordenador debe estar a la
altura de tus ojos para evitar la tensión en el cuello. La colocación del teclado y el
mouse debe permitir que tus muñecas estén en una posición natural para evitar
tensiones. Ten en cuenta también la iluminación: una buena iluminación evita la
fatiga visual y te mantiene alerta. Lo ideal es la luz natural, pero si no es posible,
asegúrate de que la luz artificial sea lo suficientemente brillante y esté colocada de
modo que reduzca el deslumbramiento en tu pantalla. El confort va más allá de
mejorar tu bienestar físico y crear un entorno acogedor. También sirve para elevar
sutilmente tu estado de ánimo, invitándote a trabajar.

Al transformar tu espacio de trabajo con estas estrategias amigables para el
TDAH, creas un entorno que se adapta a tus necesidades y fomenta la concentración y la productividad sostenidas. Se convierte en un lugar donde puedes
aprovechar tus energías con eficacia, convirtiendo las distracciones potenciales en
oportunidades para la eficiencia. Con cada elemento cuidadosamente ajustado
para apoyar tus hábitos laborales, tu espacio de trabajo deja de ser solo un lugar en
el que trabajas: se convierte en un socio en tu búsqueda del éxito y la satisfacción
en tus esfuerzos profesionales.

El Recibidor en tu Hogar: Crear una Plataforma de Lanzamiento para tu Día

Imagina el recibidor de tu hogar como algo más que un espacio de paso: es tu plataforma de lanzamiento para el día. Es el último punto de control donde te preparas antes de enfrentarte al mundo y la primera bienvenida al final del día. Un recibidor organizado y funcional es esencial para empezar el día de manera fluida, sin problemas ni estrés. A continuación, exploraremos cómo establecer un acceso que no solo se vea acogedor, sino que también facilite tus entradas y salidas de manera eficiente.

Consejos para Organizar un Sistema de Acceso a tu Hogar que Facilite las Idas y Venidas

La creación de un sistema de acceso eficaz empieza por comprender lo que debe ocurrir en este espacio. Aquí es donde pasas de la comodidad de tu casa a las exigencias del mundo exterior y viceversa. Empieza por considerar qué objetos manipulas más al entrar o salir de casa: llaves, zapatos, abrigos, bolsos y correo son ejemplos comunes. Cada objeto necesita un lugar designado que sea intuitivo y de fácil acceso.

Considera soluciones de almacenamiento modulares, como cubos, ganchos y bancos con almacenamiento incorporado. Estas opciones pueden ser salvavidas. Una repisa delgada con cajones puede servir para guardar llaves, gafas de sol y otros objetos pequeños, mientras que los ganchos situados justo encima o al lado pueden alojar bolsos y bufandas. Si el espacio lo permite, un banco proporciona un lugar donde sentarte y manejar tus zapatos, y el área debajo de él puede almacenar calzado o cestas para artículos como correas de perros o paraguas. Este tipo de disposición mantiene tu acceso libre de desorden y asegura que todo lo que necesitas esté al alcance de la mano cuando salgas por la puerta.

Establecer un Espacio Designado para Llaves, Carteras y Otros Objetos Esenciales para Evitar Búsquedas de Última Hora

Un problema común del TDAH es la carrera de último minuto — apresurarse por encontrar las llaves o tu cartera mientras el reloj avanza. Mitiga este estrés estableciendo una pequeña estación para estos elementos esenciales. Esto podría ser un sencillo organizador montado en la pared con compartimentos etiquetados para cada miembro de la familia o un atractivo tazón o bandeja sobre tu repisa. La clave es la coherencia: coloca siempre los objetos en el mismo sitio. Con el tiempo, esto se convertirá en algo natural, reduciendo drásticamente la probabilidad de extraviar tus objetos esenciales.

Si tu teléfono sirve también como organizador de tu vida, podrías incluso considerar una pequeña estación de carga en esta plataforma de lanzamiento. De este modo, tus llaves y tu cartera estarán listas, y tu teléfono cargado y al alcance de la mano, cuando salgas corriendo por la puerta.

Organización de Zapatos y Abrigos: Estrategias para Organizar Eficazmente Zapatos y Abrigos y Mantener Despejada la Entrada

Los zapatos y abrigos pueden dominar rápidamente una entrada, convirtiéndose en un desorden inoportuno. Aquí es donde entra en juego la organización estratégica. Un perchero o un conjunto de ganchos de pared pueden hacer maravillas para mantener los abrigos, sombreros y bolsos fuera del suelo. Colócalo a una altura que sea fácil de alcanzar para todos los compañeros de piso o familiares. Considera la posibilidad de colocar un zapatero debajo de los percheros o un banco para guardar los zapatos debajo.

Si tienes espacio, delimitar una pequeña zona de "guardarropa", aunque sea en un rincón, puede ayudar a contener el amontonamiento y el desorden. Esto podría incluir una alfombra, un felpudo o una bandeja para botas, donde se pueda sacar el calzado mojado y embarrado. Mantener ordenada esta zona hace que la entrada sea más acogedora y evita que los rastros de suciedad y desechos se extiendan por toda la casa.

Recordatorios Visuales y Listas de Control: Utilizar el Recibidor del Hogar como Lugar para Asegurarte de que no te Olvidas Nada al Salir de Casa

Por último, aprovecha el recibidor o entrada de tu hogar como centro de mando. Un pequeño tablón de anuncios o una pizarra magnética pueden servirte para fijar recordatorios, listas de tareas o citas motivadoras para verlas al salir. Considera la posibilidad de colgar una lista de comprobación de los objetos que debes llevar cada día — comida, bolso del gimnasio, archivos del trabajo — y colócala donde la puedas ver justo antes de salir. Este es tu último punto de control, para asegurarte de que estás totalmente preparado para el día que tienes por delante.

Para las familias, tener un horario o calendario en la entrada, anotando las actividades de cada persona, puede ser increíblemente útil. Mantiene a todos informados y puede ayudar a planificar la logística, como compartir el coche o hacer recados. Esta representación visual del horario de la familia no sólo ayuda a gestionar el tiempo, sino que también fomenta el sentido de la responsabilidad compartida y la cooperación.

Al transformar la entrada de tu hogar en un espacio bien organizado y eficiente, estableces el tono para mañanas más fluidas y tardes más tranquilas. Se trata de crear un sistema que apoye tu rutina diaria, reduciendo el estrés y los olvidos. Así que adapta estas ideas a tu espacio y necesidades, y observa cómo tu entrada se convierte en una plataforma de lanzamiento funcional y antiestrés para tu día a día.

Gestión de los Espacios Infantiles: Estrategias para Padres con TDAH

Crea Sistemas de Organización para Involucrar a los Niños en el Orden

Imagina convertir el revoltoso campo de batalla de las habitaciones de tus hijos en una zona de diversión donde los juguetes encuentran su hogar casi por arte de magia, y la hora de la limpieza se convierte en un juego al que todos quieren jugar. Parece un sueño, ¿verdad? Pero es totalmente posible. Empieza por establecer un sistema que no sólo sea agradable para los niños, sino que también fomente la autonomía. Utiliza estanterías bajas y contenedores transparentes y etiquetados para los juguetes y los libros, que faciliten a los pequeños alcanzar y devolver sus juguetes. Las imágenes pueden hacer maravillas como las etiquetas con dibujos para los que aún no saben leer. Por ejemplo, un dibujo de un bloque en un cubo donde van los bloques. Esta ayuda visual les ayuda a recordar dónde está cada cosa y convierte el orden en un divertido juego de correspondencias. Estas estrategias aportarán una sensación de control y orden a los espacios de tus hijos, brindándote una mayor confianza para dirigirlos.

Involucra también a tus hijos en el proceso de organización. Deja que decidan (con un poco de orientación) qué juguetes van dónde. Así se sentirán valorados y responsables, y aprenderán pronto a organizar. Haz que ordenar forme parte de su rutina diaria, tal vez con una canción divertida sobre la limpieza o un pequeño baile entre cada actividad. Se trata de hacer que el proceso de limpieza sea agradable y habitual, algo que esperen con ilusión en lugar de temer.

Utilizar Señales Visuales y Etiquetas para Ayudar a los Niños a Comprender Dónde va Cada Objeto

Las señales visuales influyen en el comportamiento de los niños y fomentan su independencia, sobre todo cuando se utilizan de forma creativa. Pueden utilizarse etiquetas de colores, formas divertidas o incluso calcomanías temáticas para marcar dónde deben guardarse los distintos objetos. Esto no sólo les ayuda a recordar, sino que también reduce el desorden en sus espacios personales. Por ejemplo, utiliza calcomanías de estrellas para los libros y calcomanías de coches para el cubo de los coches de juguete. También puedes utilizar códigos de colores: contenedores azules para material de arte, rojos para material deportivo, etc.

Además, considera la posibilidad de crear un horario diario visual que incluya tiempo para ordenar. Colócalo donde sea fácilmente visible para tu hijo, como en el refrigerador o junto a su escritorio. Esto les ayuda a acordarse de ordenar y a desarrollar un sentido del tiempo y de la rutina, que puede ser especialmente beneficioso para los niños con TDAH. Estos recordatorios visuales pueden hacer que la organización sea una parte natural de su vida cotidiana, mejorando su capacidad para concentrarse y disfrutar de sus espacios personales.

Implantar un Sistema de Rotación de Juguetes para Gestionar el Desorden y Mantener a los Niños Comprometidos con sus Juguetes

La rotación de juguetes es un arma secreta para mantener a raya el desorden y el aburrimiento. La idea es sencilla: en lugar de tener todos los juguetes disponibles simultáneamente, rótalos guardándolos y sacándolos nuevamente cada pocas semanas. Esto mantiene ordenada la zona de juegos y hace que los juguetes viejos vuelvan a parecer nuevos y emocionantes. Empieza clasificando los juguetes en tres o cuatro grupos. Guarda todos menos un grupo e intercámbialos cada pocas semanas. Este sistema reduce el abrumador número de opciones y mantiene vivo el interés de tu hijo por sus juguetes.

La limpieza y el orden también debe ser una parte habitual del mantenimiento del espacio de tus hijos. Cada dos meses, revisa con ellos sus juguetes y su ropa. Enséñales a elegir qué conservar, donar o tirar. Esto evita que su habitación se desborde e inculca el sentido de la caridad y la toma de decisiones. Haz que sea una actividad divertida planteándola como una búsqueda del tesoro, en la que el objetivo sea encontrar objetos para dárselos a otros niños que puedan necesitarlos más.

Desarrollar Rutinas Familiares que Favorezcan la Organización y Reduzcan el Caos en los Espacios Compartidos

Las rutinas son la columna vertebral de un hogar bien organizado, sobre todo en un entorno familiar ajetreado. Desarrolla rutinas claras y sencillas que puedan seguir todos los miembros de la familia. Por ejemplo, un tiempo de orden de 10 minutos antes de cenar o una rutina de "preparación para mañana" cada noche, en la que todos preparen sus maletas, ropa y necesidades para el día siguiente. Utiliza un calendario familiar para controlar los horarios y responsabilidades de todos. Colócalo en una zona común, como la cocina o el salón, donde sea fácilmente accesible.

Haz que estas rutinas sean divertidas e inclusivas al involucrar a todos en el proceso de planificación. Considera realizar una reunión familiar semanal para hablar de la semana que tienen por delante, asignar responsabilidades y celebrar los éxitos de la semana anterior. Esto no sólo mantiene a todos informados y responsables, sino que también fortalece los lazos familiares. Se trata de crear un entorno de colaboración en el que la organización apoye el funcionamiento diario de la familia, reduciendo el estrés y mejorando la calidad de su vida compartida.

Al poner en práctica estas estrategias, no sólo estás creando un entorno familiar que fomenta la participación, favorece la independencia y reduce el estrés diario asociado a la desorganización, sino que también estás sentando unas bases de diversión, participación y rutina que mantienen tu casa más organizada y convierten las tareas domésticas en actividades agradables y que fomentan el crecimiento de todos. La sensación de logro que sentirás cuando veas los espacios de tus hijos transformados en zonas organizadas será increíblemente gratificante.

Limpieza y Orden: Cómo Hacer que tu Lavadero Trabaje para Ti

No todos tienen la suerte de contar con un cuarto de lavandería; sin embargo, si tienes uno, este espacio a menudo se asocia con la frustración (y con olores desagradables si la ropa está saturada de sudor y suciedad). ¿Qué pasaría si pudiéramos convertir esta área descuidada en un refugio de funcionalidad y tranquilidad? Hablemos de cómo crear un cuarto de lavandería donde cada objeto tenga su lugar designado y cada tarea, desde clasificar hasta doblar, resulte sencilla.

Establece Objetivos Claros: Define lo que Quieres Conseguir

Comienza con el final en mente. ¿Cuál es tu visión para este espacio? Quizás deseas un área libre de desorden donde todo esté al alcance de la mano, o tal vez tu objetivo sea una configuración más ambiciosa que pueda servir también como área de manualidades. Sea cual sea tu objetivo, dividir cada paso en tareas manejables es la clave. Al establecer objetivos claros, podrás mantenerte centrado y organizado, y el proyecto te parecerá menos desalentador. Además, te dará la satisfacción de ir tachando tareas a medida que las completas, lo que puede ser un gran motivador.

Reúne Suministros

Antes de comenzar, equípate con las herramientas adecuadas. Para la limpieza, reúne a tus "guerreros": un limpiador multiusos, plumeros, una aspiradora de confianza, una fregona y, por supuesto, muchas bolsas de basura. Para organizar, piensa qué recipientes y artilugios podrían transformar tu espacio. Las cestas son estupendas para agrupar objetos sueltos, mientras que las etiquetas pueden hacer maravillas para mantener el orden. Considera la posibilidad de invertir en unas cuantas estanterías resistentes si el espacio te lo permite: es increíble la cantidad de espacio que puede liberar el almacenamiento vertical. Tener todos estos suministros a mano antes de empezar significa menos interrupciones, manteniendo tu impulso fuerte.

Programar un Temporizador

Esto no es un maratón. Es más bien un entrenamiento por intervalos. Programa un temporizador para 20-30 minutos y céntrate únicamente en una tarea cada vez. Cuando suene el temporizador, tómate un descanso de 5-10 minutos. Utiliza este tiempo para recargar las pilas con un café, un estiramiento o tomar aire fresco. Estas pausas son cruciales para mantener la concentración y evitar el agotamiento. Las pausas refuerzan la idea de que tu bienestar es una prioridad en este proceso. También te darás cuenta de que trabajar con estas pausas controladas hace que la tarea parezca más manejable y menos agotadora.

Empieza Desde Cero

Aquí es donde las cosas pueden complicarse un poco antes de mejorar. Quítalo todo, sí, ¡todo! Esto puede parecer contraintuitivo, pero empezar con un lienzo en blanco puede darte una mejor idea del espacio que tienes para trabajar. También te obliga a manipular cada objeto, lo que es crucial para decidir si se queda o se va. Este proceso también puede sacar a la luz objetos que han estado fuera de tu vista y de tu mente durante demasiado tiempo. Una vez que todo esté fuera, limpia bien el espacio. Limpia las estanterías, barre el suelo e incluso friega las paredes. Un espacio limpio es mucho más agradable de organizar y establece un tono positivo para mantenerlo de esa forma.

¡Clasifica y Conquista!

Cuando empieces a clasificar tus objetos, sé implacable. Si no lo has usado en un año y no es un artículo de temporada (como adornos navideños o ropa de invierno), probablemente sea hora de despedirse de él. Crea tres zonas: conservar, donar/vender y desechar. (Si tienes que clasificar muchos objetos, consulta el

Método de los Cinco Contenedores del Capítulo 3). Ser decidido en esta fase puede evitarte mucho desorden en el futuro. Recuerda que todos los objetos que conserves deben tener una finalidad clara. Para los objetos que sigan siendo útiles pero que ya no necesites, considera la posibilidad de venderlos por Internet o donarlos a una organización benéfica local. Esto no sólo despejará tu espacio, sino que además te hará sentir bien darles una segunda vida en otro lugar. El resultado de este proceso de organización y limpieza te aportará una sensación de alivio y satisfacción, al saber que has eliminado objetos innecesarios y has hecho que tu espacio sea más funcional.

Añade Toques Personales

Crear un lavadero funcional y agradable adaptado a tu gusto personal también puede ayudarte a sentirte más organizado y en control. Esta sensación de control puede mejorar la productividad, ya que el espacio está diseñado para satisfacer tus necesidades y preferencias específicas. Incorporar tus colores favoritos, obras de arte o recuerdos puede evocar emociones positivas, haciendo que la tarea de lavandería sea menos tediosa y más agradable. Al transformar el lavadero en un espacio personalizado y estéticamente agradable, puedes reducir el desorden mental y la ansiedad que suelen asociarse a las tareas domésticas, haciendo que el proceso sea más fluido y eficaz. Esto, a su vez, puede conducir a una mayor sensación de logro y bienestar.

Añadir toques personalizados a un lavadero, como citas inspiradoras o artículos de decoración que te gusten, también puede aumentar significativamente tu sensación de satisfacción y motivación. Estos elementos actúan como refuerzos positivos, recordándote tus objetivos, valores o logros. Por ejemplo, una cita motivadora puede proporcionar un rápido impulso de ánimo, transformando una tarea rutinaria en una oportunidad para la reflexión y la inspiración. Estos toques personales pueden crear una conexión con el espacio, haciéndolo más acogedor y menos parecido a una zona de tareas mundanas.

Transformar tu lavadero, a menudo descuidado, en una parte funcional y agradable de tu casa es posible si divides la tarea en pasos claros y procesables. Este cambio hace que el proceso de lavado resulte menos pesado y más eficiente, creando una sensación de facilidad y manejabilidad. Adoptando estas estrategias y adaptándolas a tus necesidades y espacio, tu lavadero puede convertirse en un lugar que apoye tus rutinas diarias, haciéndote la vida un poco más fácil. El resultado te aportará una sensación de alivio y satisfacción, sabiendo que has creado un espacio que realmente funciona para ti.

El Garaje o el Sótano: Cómo Convertir el Caos en un Espacio Funcional

Imagina transformar tu garaje o sótano de un vertedero desordenado en un espacio funcional y bien organizado donde todo tenga su lugar: sí, incluso esa caja misteriosa y vieja que no has abierto en años. Tanto si quieres crear un taller, montar un gimnasio en casa o simplemente recuperar el lugar que le corresponde a tu automóvil, conseguir tu objetivo no tiene por qué ser un sueño imposible. Empieza con una visión clara y un poco de planificación estratégica.

Establecer Una Visión Clara, Fijar Objetivos Definitivos y Esbozar Tareas Específicas

Antes de embarcarte en el proyecto, es esencial que visualices tu garaje o sótano ideal. Imagina una mesa de herramientas bien organizada, contenedores bien etiquetados y un espacio dedicado a tus proyectos de fin de semana. Esta visualización es más que un simple sueño: es un poderoso motivador. Una vez tengas esta visión en mente, es importante anotar objetivos concretos. Ya sea instalar estanterías, crear zonas dedicadas a distintas actividades o recuperar espacio para el coche, tener objetivos claros te ayudará a mantener la concentración.

Para hacer realidad tu visión, empieza por establecer objetivos claros y alcanzables. Divide tu visión en tareas específicas y manejables. Por ejemplo, si uno de tus objetivos es instalar estanterías, especifica el tipo, la cantidad, la colocación y el uso previsto de las estanterías. Del mismo modo, si planeas crear distintas zonas, esboza la finalidad de cada una y los objetos que se almacenarán en ellas. Al detallar tus objetivos, crearás una hoja de ruta que simplificará el proceso y garantizará que no se pase por alto ningún detalle.

A continuación, crea listas de tareas para cada objetivo. Empieza con una lista exhaustiva de tareas para el proyecto completo, y luego divídela en pasos más pequeños y procesables. Prioriza estas tareas en función de su importancia y de la secuencia lógica de realización. Por ejemplo, antes de organizar tus herramientas en una estantería nueva, tendrás que instalar la estantería y despejar la zona. Al establecer objetivos claros y crear listas de tareas detalladas, no sólo harás que el proyecto sea más manejable, sino que también aumentarás tu motivación y satisfacción a medida que realices cada tarea.

Planificar el Éxito: Prepárate Mentalmente para la Tarea y Planifica el Tiempo

Para las personas con TDAH, la preparación mental es crucial a la hora de abordar un gran proyecto. La estructura y la planificación implicadas pueden marcar una diferencia significativa a la hora de gestionar la atención y mantener la productividad. Ten en cuenta los siguientes consejos cuando te enfrentes a este gran proyecto y divídelo en partes más pequeñas y fáciles de realizar:

- **El momento oportuno lo es todo.** Elegir el momento adecuado para trabajar en un proyecto importante es crucial. Opta por periodos en los que las distracciones sean mínimas, como las primeras horas de la mañana o los días laborales tranquilos. Estos momentos suelen ofrecer menos interrupciones, lo que crea un entorno más propicio. Este momento reflexivo puede ser especialmente ventajoso para las personas con TDAH que tienen dificultades para regular su atención.

- **Divide tu proyecto en sesiones concentradas de 30 minutos.** Los grandes proyectos pueden resultar abrumadores, especialmente para quienes padecen TDAH. Dividir el trabajo en segmentos manejables de 30 minutos puede ayudar a mejorar la concentración y crear una sensación de logro con cada tarea completada.

- **Pon el temporizador al principio de cada sesión.** Utilizar un temporizador es una herramienta práctica para gestionar el tiempo y mantener la concentración. Poner un temporizador al principio de cada sesión crea un periodo claro y finito para trabajar, lo que puede ayudar a evitar distracciones. También fomenta la sensación de urgencia y favorece el desarrollo de hábitos de trabajo disciplinados.

- **Tómate un descanso de 5 a 10 minutos.** Recuerda hacer una breve pausa cuando suene el temporizador. Estas pausas no son sólo momentos de descanso, sino oportunidades para reajustarse y recargarse. Actividades como estirarse, disfrutar de un refrigerio o salir a tomar el aire pueden rejuvenecer la mente y el cuerpo. Para las personas con TDAH, las pausas frecuentes son esenciales para mantener la resistencia y evitar el agotamiento. Estas pausas también sirven como sistema de recompensa, ofreciendo algo que esperar después de cada sesión de trabajo productiva.

- **Mantener la resistencia y la concentración durante todo el proyecto.** La combinación de un calendario estructurado, sesiones de trabajo manejables y descansos regulares ayuda a mantener los niveles de energía y concentración. Para las personas con TDAH, este enfoque no sólo hace que los grandes proyectos parezcan más realizables, sino que también ayuda a crear un ritmo y una rutina que pueden mejorar la productividad y el enfoque general.

Este enfoque metódico para los grandes proyectos, como convertir el garaje o el sótano en un espacio útil, aborda los desafíos específicos a los que nos enfrentamos quienes padecemos TDAH. Programando estratégicamente las sesiones de trabajo, dividiendo las tareas en partes más pequeñas e incorporando descansos regulares, puedes mejorar tu capacidad de concentración, reducir la sensación de agobio y mantener un ritmo constante durante todo el proyecto.

Reúne Herramientas

Una vez fijados tus objetivos, es hora de equiparte con las herramientas adecuadas. Reúne todo el material de limpieza que necesites: escobas, bolsas de basura, una buena aspiradora y productos de limpieza. Luego, piensa en herramientas de organización, como estanterías, contenedores de almacenamiento y etiquetadoras. Y no olvides un temporizador: este pequeño artilugio será crucial para que tus sesiones de limpieza sigan siendo productivas y para evitar el agotamiento. Tener todos los suministros a mano antes de empezar significa que puedes sumergirte en la tarea sin interrupciones innecesarias.

Elimina las Distracciones

Empieza por despejar tu espacio de trabajo. Esta zona será tu centro de mando, donde los objetos se clasificarán en categorías como conservar, donar, vender, reciclar y desechar. (Si tienes problemas para entender la diferencia entre los cubos, echa un vistazo al Método de los cinco contenedores del capítulo 3). Enfócate en una sección específica del garaje o sótano, o en un solo montón de artículos que estés clasificando frente a ti para evitar distracciones.

También es importante que tengas en cuenta tus sensibilidades sensoriales. Si tienes frío, considera la posibilidad de abrigarte o de poner un calefactor en la habitación antes de empezar a renovar el espacio. Si el silencio te resulta abrumador o los ruidos domésticos te distraen, opta por unos auriculares que reproduzcan música relajante o sonidos con cancelación de ruido. Para calmar la ansiedad, rocía el espacio con tu fragancia favorita para que te ayude a relajarte. Preparar el escenario para la comodidad al principio de tu proyecto puede agudizar tu concentración y hacer que la tarea sea más agradable.

¡Clasifica! ¡Clasifica! ¡Clasifica!

Ha llegado el momento de sumergirte en la clasificación. Aborda cada elemento de forma crítica: utiliza las preguntas de clasificación que hemos tratado antes en el Capítulo 3, en la sección "¿Necesito esto? Estrategias de toma de decisiones para eliminar lo que sobra", como por ejemplo:

- **¿Lo has utilizado en el último año?**

- **¿Funciona?**

- **¿Realmente lo necesitas?**

Sé determinante. Cuando te decidas, coloca el objeto en la zona designada y sigue adelante. Esta regla de una sola evaluación evita que los objetos se queden en montones de "tal vez", que pueden saturar rápidamente tu espacio y tu determinación. Mantén el temporizador en marcha para mantener esas ráfagas productivas de clasificación, interrumpidas por breves descansos para recargar las energías.

Al desglosar la abrumadora tarea de organizar tu garaje o sótano en estos pasos manejables, descubrirás que lo que antes parecía un proyecto imposible se convierte en una serie de tareas realizables. Cada sesión te acerca más a esa visión inicial de un espacio funcional y bien organizado. Así que mantén esa imagen en tu mente, arremángate y convierte esa montaña de desorden en una unión funcional.

Al concluir este capítulo sobre estrategias de organización específicas para cada espacio, recuerda los puntos clave que pueden transformar cualquier área del caos al orden: objetivos claros, listas de tareas específicas, las herramientas adecuadas, planificación temporal, sesiones centradas y distracciones mínimas. En este capítulo he repetido los principios básicos que tratamos al principio del libro para mostrar cómo pueden aplicarse a las distintas zonas de tu casa. Tanto si estás cocinando en la cocina, relajándote en el dormitorio o montando un gimnasio en el garaje, estas estrategias harán realidad la creación de espacios que apoyen y mejoren tu vida. En el próximo capítulo, exploraremos cómo mantener estos nuevos espacios organizados, asegurándonos de que tu arduo trabajo siga dando sus frutos cada día.

6

Afrontar los Obstáculos Comunes para el Éxito de la Organización a Largo Plazo

"Progreso, no perfección."

— Autor Desconocido

¿ La sensación de sentirte abrumado por tu lista de tareas pendientes te resulta familiar? Con tantas tareas compitiendo por tu atención, puede ser difícil decidir por dónde empezar. Es fácil distraerse con actividades como ver una serie de TV o pasar demasiado tiempo en las redes sociales. Como resultado, tu espacio vital puede acabar luciendo como si se hubiera vomitado encima.

En la búsqueda de un éxito a largo plazo, a menudo nos encontramos con desafíos debido a nuestros hábitos existentes. Si bien estas situaciones pueden ser frustrantes, también nos ofrecen oportunidades para mejorar nuestros procesos organizativos, aumentar la eficiencia y fomentar la resiliencia. En este capítulo profundizaremos en cómo superar estos obstáculos organizacionales comunes, ofreciendo estrategias prácticas y valiosos conocimientos para promover un crecimiento sostenible.

Ya sea comprendiendo los desafíos de priorización únicos que enfrentan las personas con TDAH o estableciendo sistemas eficaces para gestionar las tareas diarias, este capítulo te proporcionará las herramientas necesarias para convertir posibles contratiempos en escalones hacia un futuro más organizado y productivo. Abrazando la filosofía de "progreso, no perfección," exploraremos cómo pequeños cambios incrementales y estrategias flexibles pueden conducir a un éxito significativo y duradero.

Cuando Todo Parece Importante: Establecer Prioridades con el TDAH

Comprender el TDAH y los Problemas de Priorización

¿Por qué priorizar resulta una tarea tan ardua para quienes padecemos TDAH? La respuesta se reduce a cómo está estructurado nuestro cerebro. El TDAH puede dificultar la tarea de filtrar las distracciones y centrarse en lo verdaderamente importante. Todo parece igual de crítico, y decidir qué abordar primero puede parecer como armar un rompecabezas de 1.000 piezas durante un tornado: interesante pero abrumadoramente caótico.

Esto puede llevar a una "tiranía de lo urgente," donde las tareas inmediatas eclipsan aquellas importantes que no reclaman atención tan intensamente. En este escenario, es posible que te encuentres continuamente apagando incendios y lidiando con tareas urgentes, pero no necesariamente importantes, mientras que las tareas esenciales quedan relegadas. Este desafío se ve agravado por dificultades en la función ejecutiva, que incluyen un control de impulsos deficiente y falta de previsión, dificultando una planificación eficaz o la adhesión a una tarea hasta su finalización.

Técnicas Eficaces de Priorización

Entonces, ¿cómo puedes eliminar el ruido y centrarte en lo que importa? Empieza por adoptar el "Poder de Tres". Esta estrategia se basa en la idea de que nuestro cerebro sólo puede gestionar eficazmente un número limitado de tareas simultáneamente. Cada mañana o la noche anterior, elige tres tareas que consideres las más importantes del día: sólo tres. Este método reduce el agobio al limitar tu atención, haciendo que el proceso de toma de decisiones sea más manejable.

Otra técnica poderosa es el bloqueo del tiempo. Asigna bloques de tiempo específicos para trabajar en las tareas que elijas. Esto proporciona estructura y te ayuda a protegerte de los "vampiros del tiempo", demasiado comunes, que son las tareas triviales o las distracciones. Recuerda que cuando todo parece importante, nada lo es. Bloquear el tiempo ayuda a poner tus funciones en perspectiva, permitiéndote dedicar tu energía a lo que realmente marca la diferencia en tu día.

El Papel de las Herramientas Visuales de Priorización

Las herramientas visuales pueden mejorar notablemente tus habilidades de priorización. Considera la posibilidad de utilizar una pizarra de tareas visual: una pizarra física o una aplicación digital como Trello. Distribuye tus tareas en columnas etiquetadas como "Debo hacer", "Debería hacer" y "Me gustaría hacer". (También puedes probar la lista de prioridades ABC mencionada en la sección "Sistemas de listas de verificación que realmente funcionan para el TDAH" del capítulo 4).

Esta configuración visual proporciona claridad y hace que sea satisfactorio pasar las tareas de una columna a la siguiente una vez completadas. Si eres un entusiasta de la tecnología digital, codificar las tareas por colores en función de su prioridad puede proporcionarte pistas visuales instantáneas -utilizando el rojo para las tareas que debes hacer, el amarillo para las que deberías hacer y el verde para las que te gustaría hacer- sobre dónde centrar tus esfuerzos a continuación.

Practicar la Toma de Decisiones

Mejorar tus "músculos de la toma de decisiones" — la capacidad de elegir con rapidez y eficacia — es como entrenarse para un maratón: requiere práctica y dedicación constantes. Empieza poco a poco. Practica la toma de decisiones rápidas en tareas de bajo riesgo (como elegir qué ropa ponerte o qué comer). Estas decisiones cotidianas pueden ayudarte a aumentar tu confianza y mejorar tu capacidad para tomar decisiones rápidas en tareas importantes.

Considera también poner un "temporizador de decisiones" para las decisiones más importantes. Ponte un límite de tiempo específico para investigar y decidir (por ejemplo, 30 minutos), y cuando suene el temporizador, toma la mejor decisión basándote en la información de que dispongas. Esta práctica ayuda a frenar el estado de "parálisis por análisis" que consiste en pensar o analizar en exceso una situación, a menudo hasta el punto de que nunca se toma una decisión, a menudo llevándote a la inacción.

Al adoptar estas estrategias, priorizar las tareas se convierte menos en luchar contra un monstruo diario y más en gestionar estratégicamente tu día. Se trata de aceptar que no se puede hacer todo a la vez, y eso está perfectamente bien. Recuerda que no nacemos con la capacidad de priorizar. Es una habilidad que se desarrolla, y cada pequeño avance es un paso hacia el dominio de tus tareas en lugar de ser dominado por ellas. Este proceso de dominar las habilidades de priorización es empoderador, ya que te permite controlar tus tareas y tu día a día.

Objetos Perdidos: Cómo Controlar Tus Pertenencias

¿Te has vistoalguna vez palpándote los bolsillos, registrando cajones o levantandoalmohadones para localizar tus llaves o tu billetera? Si te suena estasituación, no eres el único. Muchos de los que padecemos TDAH nos damos cuentade que, a veces, llevar un registro de nuestras pertenencias es como intentaracorralar a un grupo de ardillas hiperactivas. Es frustrante y lleva muchotiempo. Pero aquí tienes una buena noticia: con algunos sistemas ingeniosos,puedes reducir drásticamente ese juego diario de escondidas con tuspertenencias. El alivio de saber dónde están tus pertenencias puede reducirconsiderablemente el estrés y hacerte sentir más tranquilo.

Designar un Hogar para Tus Pertenencias

El primer pasopara controlar tus cosas es crear un lugar específico y coherente para cadaobjeto. Puede parecer una obviedad, pero este simple acto cambia las reglas deljuego. Empieza por las pertenencias que utilizas diariamente: llaves, teléfono,cartera y gafas. Asigna un lugar específico a cada objeto, como una bandejita oun gancho junto a la puerta. Este lugar debe ser lógico y cómodo. Por ejemplo,si colocas las llaves junto a la puerta, podrás tomarlas al salir y dejarlas encuanto llegues. El truco está en la coherencia. Vuelve a colocar siempre losobjetos en su sitio. Es posible que requieras algo de práctica paraacostumbrarte, pero pronto se convertirá en algo natural, y pasarás menos tiempobuscando tus cosas porque todo estará en su sitio.

Para aquellosobjetos que no tienen un uso o lugar fijos, como documentos o artilugios,considera la posibilidad de utilizar contenedores como canastos o cajonesetiquetados. El etiquetado es una forma sencilla pero eficaz de recordartedónde van las cosas y, lo que es más importante, dónde encontrarlas cuando lasnecesites. Puede ser tan sencillo como utilizar una rotuladora o notasadhesivas. Las señales visuales de las etiquetas sirven como recordatoriosconstantes, ayudando a reforzar el hábito de poner las cosas en su sitio.

Utilizar la Tecnología para Rastrear Artículos

En nuestro mundo tecnológico, ¿por qué no utilizar la tecnología para localizar tus pertenencias? Hay varios aparatos y aplicaciones diseñados para ayudarte a localizar objetos perdidos. Considera la posibilidad de invertir en pequeños rastreadores Bluetooth como Tile o Apple AirTags. Se pueden colocar en cualquier cosa que pierdas regularmente: llaves, carteras, ¡incluso mascotas! Estos rastreadores se conectan a una aplicación de tu teléfono, lo que te permite hacer sonar el rastreador mientras buscas tu objeto perdido. Si está fuera del alcance del Bluetooth, estas aplicaciones utilizan una red de otros usuarios para ayudar a localizar tus objetos, mostrándote la última ubicación conocida en un mapa. Este uso eficiente de la tecnología puede hacerte sentir más productivo y en control de tus pertenencias.

Además, existen aplicaciones y hojas de cálculo que te ayudan a catalogar el contenido de tu casa, desde la ropa hasta los utensilios de cocina. Por ejemplo, Itemtopia puede ayudarte a catalogar tus objetos domésticos, servicios, garantías e historiales médicos. Si te gusta usar Excel, prueba la Hoja de cálculo del inventario doméstico de United Policyholders, que proporciona una lista exhaustiva de todos los artículos domésticos que puedas imaginar. Si no quieres dedicar tiempo a rellenar los campos de la aplicación o de Excel, simplemente graba un video de cada habitación para documentar rápidamente tus pertenencias. Estos registros pueden ser especialmente útiles cuando intentas recordar si ya posees un objeto concreto, lo que puede ahorrarte la compra de artículos duplicados. Esto mantiene tu casa menos desordenada y te ahorra tiempo y dinero.

Controles Rutinarios

Establecer comprobaciones rutinarias puede mejorar significativamente tu capacidad para hacer un seguimiento de los objetos esenciales. Acostúmbrate a hacer un inventario rápido de tus objetos esenciales por la mañana y antes de acostarte. Ten una lista junto a la puerta o en el teléfono -donde sea más probable que la veas- y repásala rápidamente para asegurarte de que tienes todo lo que necesitas para el día o de que todo vuelva a estar en su sitio por la noche. Esta rutina ayuda a evitar el pánico de las prisas matutinas o la sensación de que te falta algo a la hora de acostarte.

Ordenar y Despejar para Reducir las Pérdidas

Por último, una de las formas más eficaces de controlar tus pertenencias es tener menos cosas que controlar. Como se menciona en los capítulos 3 y 4, organizar y despejar puede ser increíblemente liberador, no sólo física sino también mentalmente. Empieza por revisar tu hogar y evaluar lo que realmente necesitas. Si hace más de un año que no utilizas algo, es posible que haya llegado el momento de decir adiós. Vende, dona o recicla los objetos que ya no te sirvan. Cuantas menos posesiones tengas, más fácil será organizarlas y, en consecuencia, menos probabilidades tendrás de perderlas. Además, el desorden también puede reducir el caos visual, que puede distraer especialmente a una persona con TDAH.

Al implementar estas estrategias, puedes crear un hogar más organizado, donde cada artículo tenga su lugar, la tecnología te asista en el seguimiento, las rutinas aseguren que todo esté donde debe estar, y la organización mantenga tu espacio manejable y tu mente clara. Este enfoque no solo ahorra tiempo y reduce el estrés, sino que también hace que tu entorno sea más agradable y fácil de transitar.

Decir No al Nuevo Desorden: Estrategias para Controlar los Impulsos

Ah, el canto de sirena de un cartel de rebajas o ese subidón de alegría cuando haces clic en "añadir al carrito". Ir de compras puede ser una experiencia encantadora, parecida a la búsqueda de tesoros. Pero cuando te lleva a una montaña de compras innecesarias que abarrotan tu espacio, esa alegría se convierte rápidamente en remordimiento. Para quienes padecemos TDAH, las compras impulsivas no son sólo un derroche ocasional, sino que pueden perturbar con frecuencia tanto nuestro espacio como nuestra tranquilidad. Exploremos cómo prepararte contra las adquisiciones innecesarias y mantener un entorno libre de desorden.

Reconocer los Desencadenantes de las Compras Impulsivas

Entender qué desencadena tus compras impulsivas es el primer paso para ganar control. Los estados emocionales como el estrés, la excitación o el aburrimiento a menudo nos llevan a comprar impulsivamente. La terapia de compras, aunque levanta el ánimo momentáneamente, no suele abordar la emoción subyacente, sino que deja un rastro de desorden. Del mismo modo, los desencadenantes ambientales, como los escaparates llamativos de las tiendas o los atractivos anuncios en Internet, pueden incitar a compras no planificadas. Al observar tus hábitos e identificar estos desencadenantes, tomas las riendas de tu comportamiento de compra. Este autoconocimiento te permite desarrollar estrategias para contrarrestar estos desencadenantes, devolviéndote el control de tus gastos.

Estrategias para Combatir las Compras Impulsivas: Las Reglas del Periodo de Espera y Presupuesto Discrecional

Una vez que hayas identificado tus desencadenantes, el siguiente paso es poner en práctica estrategias para resistir el impulso de derrochar. Un método eficaz es la "Regla de los 10 minutos". Cuando sientas el impulso de comprar algo impulsivamente, haz una pausa y programa un temporizador durante 10 minutos. Durante ese tiempo, realiza otra actividad, tal vez un paseo rápido, un estiramiento o unas cuantas respiraciones profundas. Este breve distanciamiento del impulso a menudo puede ayudarte a evaluar si la compra es necesaria o sólo un deseo fugaz.

Para las compras más importantes, aplica una regla de período de espera: un tiempo determinado que debas esperar antes de tomar una decisión. Puede ser de 24 horas para los artículos más pequeños o de hasta una semana para los más grandes y caros. Durante este periodo de espera, considera la utilidad del artículo, su almacenamiento y su impacto en tu presupuesto. A menudo, te darás cuenta de que el deseo de comprar se desvanece durante este periodo, o puede que descubras una alternativa mejor. Esta práctica frena el gasto espontáneo y mejora tu capacidad de decisión, convirtiéndote en un comprador más disciplinado. La regla del periodo de espera proporciona una sensación de seguridad, garantizando que estás tomando decisiones informadas y meditadas sobre tus compras, liberándote de la presión de las compras impulsivas.

Otra estrategia es establecer un presupuesto específico para gastos discrecionales. Esto limita cuánto puedes gastar y te hace ser más consciente de cada decisión de compra. Cada vez que te planteas comprar algo, se convierte en una decisión más consciente: "¿Vale esto parte de mi presupuesto de este mes?". Si aplicas con éxito estas estrategias, estarás frenando tus compras impulsivas y alcanzando una sensación de control y logro sobre tus hábitos de gasto.

Prácticas de Compra Consciente

La atención plena puede transformar la compra de una reacción impulsiva en una acción deliberada. Empieza haciendo listas de la compra, tanto de los productos esenciales como de los posibles caprichos. Esto no sólo garantiza que no olvides lo que necesitas, sino que también te permite reflexionar sobre lo que realmente quieres. Cuando vayas de compras, céntrate en la lista y cíñete a ella lo más posible. Además, adopta la práctica de hacerte preguntas intencionadas antes de cualquier compra:

- **¿Realmente lo necesito?**

- **¿Tengo algo parecido?**

- **¿Qué valor añadirá a mi vida?**

Estas preguntas pueden ayudarte a cambiar tu mentalidad de la gratificación inmediata al valor a largo plazo, reduciendo la probabilidad de acumulación de desorden.

Adoptar estas estrategias puede revolucionar tus hábitos de compra, convirtiéndolos en una experiencia más intencionada y satisfactoria. Así ahorrarás dinero y mantendrás tu espacio vital libre de objetos innecesarios. Recuerda que cada artículo que decidas no comprar es una cosa menos que tendrás que gestionar más adelante. Así que, la próxima vez que te llame el botón "Comprar ahora", tómate un momento para reflexionar, respirar y recordar estas estrategias. Tu espacio, tu mente y tu futuro yo cosecharán los frutos.

Pánico al Papeleo: Gestionar el Correo y los Archivos con Eficacia

Si la mera idea de ordenar pilas de correo sin abrir o archivos desorganizados te hace poner los ojos en blanco o te hace entrar en estado de pánico, seguro que no estás solo en esta lucha. El papeleo puede ser el enemigo furtivo de una casa ordenada, colándose por los rincones y amontonándose en las superficies hasta que parece que vives en una fábrica de papel muy poco glamurosa. Pero aquí tienes la buena noticia: controlar los montones de papel no es tan desalentador como parece. Puedes recuperar el control con unas cuantas estrategias inteligentes, convirtiendo esas montañas de papel en pilas manejables y ordenadamente archivadas.

Estrategias para Gestionar el Papel Entrante, como el Correo, para Evitar que se Acumulen Pilas

Empecemos por la primera línea: gestionar la afluencia de papel. Una estrategia práctica y sencilla es ocuparse del correo en la misma puerta. Coloca una pequeña estación junto a la entrada, con una papelera de reciclaje, una trituradora y unas cuantas bandejas para categorizar los correos: piensa en etiquetas como Urgente, Para revisar y Para archivar. Cuando recibas el correo, clasifícalo inmediatamente. ¿Correo basura? Directo a la papelera de reciclaje. ¿Facturas o avisos esenciales? A la bandeja de Urgente. Este método mantiene tus mostradores libres de papeles y te ahorra la molestia de volver a clasificarlos más tarde.

Otro consejo es optar por los correos electrónicos siempre que sea posible. Opta por estados de cuenta y facturas electrónicos para reducir el correo físico que recibes. Muchas empresas ofrecen la posibilidad de cambiar fácilmente a la entrega digital, lo que puede reducir significativamente tu consumo de papel. Para los documentos que recibes en papel pero que no necesitas conservar físicamente, considera la posibilidad de escanearlos y almacenarlos digitalmente. Así mantendrás accesible tu documentación sin ocupar espacio físico en tu casa. Durante la transición, es importante hacer un seguimiento de los documentos que has digitalizado. Considera la posibilidad de utilizar una hoja de cálculo o una aplicación de toma de notas para crear un inventario digital de tus documentos físicos.

Crear un Sistema de Archivo Sencillo y Fácil de usar para los Documentos Importantes

Un sistema de archivo eficaz es primordial para los papeles que debes conservar. Empieza por lo sencillo. Invierte en un archivador o utiliza un cajón con carpetas colgantes. Etiqueta cada carpeta según las categorías que tengan sentido para tu vida: historiales médicos, estados financieros, seguros, identificación personal, etc. Organiza los documentos de cada categoría por fecha o relevancia para encontrar fácilmente lo que necesitas. Para los documentos confidenciales, como las declaraciones financieras o la identificación personal, considera la posibilidad de invertir en un archivador con cerradura o en una caja fuerte para garantizar la seguridad.

La clave para mantener este sistema no está sólo en establecerlo, sino en mantenerlo. Cultiva el hábito de archivar los documentos inmediatamente después de utilizarlos. Por ejemplo, asegúrate de archivar la documentación de la reclamación al seguro médico en cuanto la proceses. Si no es posible archivarlos inmediatamente, dedica un tiempo específico a la semana a vaciar las bandejas de correo entrante. Tanto si optas por el archivado inmediato como por una rutina semanal, establecer un hábito que te convenga evitará la temida acumulación de papeles y mantendrá tu sistema funcional.

Transición a los Documentos Digitales para Reducir el Desorden de Papel Físico

Adoptar la digitalización puede ser particularmente útil para la gestión del papeleo. Para los documentos que no requieren una copia física, la digitalización puede ahorrar mucho espacio y reducir el desorden. Utiliza servicios de almacenamiento en la nube como Google Drive, Dropbox o iCloud para guardar tus documentos. Esto no sólo hace que tus documentos sean accesibles desde cualquier lugar, sino que también ofrece seguridad contra pérdidas debidas a daños físicos como incendios o inundaciones.

Sin embargo, es importante tener en cuenta que la gestión digital de documentos conlleva desafíos, como aprender a utilizar un nuevo software o hacer frente a posibles problemas técnicos. Prepárate para invertir algo de tiempo y esfuerzo en aprender y solucionar problemas. Para facilitar la transición digital, establece un sistema de nombres coherente para tus archivos y mantén una estructura de carpetas clara. Por ejemplo, puedes tener carpetas principales como Casa, Trabajo, Salud y Finanzas, con subcarpetas para categorías más específicas como Garantías, Dentista y Tarjetas de crédito.

También es necesario hacer copias de seguridad periódicas para asegurarte de no perder documentos importantes. Si no quieres utilizar un servicio de almacenamiento en la nube que haga copias de seguridad automáticas de tus archivos, programa un recordatorio para hacer copias de seguridad manuales en un disco duro externo o en una unidad USB.

Establecer Rutinas para Revisar y Eliminar Periódicamente el Papeleo Innecesario

Por último, las revisiones y purgas periódicas son cruciales para mantener el desorden de papeles bajo control. Programa un "día de purga", quizá una vez cada tres meses o incluso una vez al mes si manejas mucho papeleo. Aprovecha ese momento para revisar tus archivos físicos y digitales y deshacerte de todo lo que ya no sea necesario. Las facturas antiguas, los documentos obsoletos del seguro y los asuntos legales resueltos a menudo pueden reciclarse o triturarse de forma segura.

Considera la posibilidad de recurrir a un programa local de reciclaje o a un servicio profesional de trituración para asegurarte de que tus residuos de papel se eliminen y reciclen adecuadamente. Si te gusta dar un nuevo uso a los objetos desechados y tienes una estufa de leña o una chimenea, también puedes utilizar los documentos viejos para ayudar a encender las llamas... ¡sólo asegúrate de tomar las precauciones de seguridad necesarias antes de hacerlo!

En el caso de los archivos digitales, es un buen momento para eliminar duplicados, archivos obsoletos y cualquier otra cosa que ya no sea relevante. Esto no sólo evita que tu almacenamiento digital se convierta en un cajón de sastre virtual, sino que también garantiza que puedas encontrar lo que necesitas cuando lo necesitas, sin tener que revisar miles de archivos obsoletos.

Integrando estas estrategias en tu rutina, puedes transformar tu forma de gestionar el papeleo: de una fuente de estrés a otra parte manejable de tu día a día. Se trata de establecer sistemas que funcionen para ti y ceñirte a ellos, convirtiendo el pánico al papeleo en un estado de paz y tranquilidad. Recuerda que no es necesario eliminar todos los papeles. Para los documentos sentimentales o esenciales, considera invertir en soluciones de almacenamiento de calidad, como carpetas o cajas buenas, o digitalízalos con un escáner de alta calidad para conservarlos a largo plazo.

Problemas con el Armario: Simplificar la Elección de la Ropa

Imagina que abres tu armario y sólo ves prendas que te encantan y que utilizas habitualmente; se acabó rebuscar entre pilas de ropa que "quizá algún día podría usar" o las compras de "en qué estaba pensando". Esta sensación de satisfacción puede hacerse realidad con un armario cápsula, un sistema simplificado que incluye prendas que pueden mezclarse y combinarse para crear múltiples conjuntos. Piensa en él como si fuera tu lista de reproducción personal, en la que cada prenda tiene un propósito y complementa a la perfección a las demás "pistas". Crear un armario cápsula no sólo despeja tu espacio, sino también tu rutina matutina. Pasarás menos tiempo decidiendo qué ponerte, reduciendo la fatiga de las decisiones justo al comenzar el día.

Empieza por seleccionar una paleta de colores base. Dependiendo de tus gustos, pueden ser colores neutros como el negro, el blanco y el gris, o podrías preferir el azul marino y el beige. Los colores formarán la base de tu vestuario, asegurando que todas las piezas puedan funcionar juntas. A continuación, elige  prendas atemporales en lugar de modernas: piensa en una chaqueta entallada, un buen par de jeans, remeras o camisas versátiles y un par de pantalones o faldas clásicos. La clave está en la calidad frente a la cantidad. Unas pocas prendas selectas durarán más y tendrán mejor aspecto que un armario lleno de prendas que no te quedan bien o que no te gustan mucho.

Ahora, añade algunas prendas y accesorios específicos de la temporada para dar variedad y un toque personal a tus conjuntos. Un par de pañuelos, unas cuantas joyas llamativas o unos cinturones de colores pueden transformar tus prendas básicas en conjuntos llamativos sin abarrotar tu armario. Y recuerda, el objetivo de un armario cápsula no es limitar tu estilo, sino racionalizarlo, para que te resulte más fácil y agradable vestirte cada día.

Es importante ordenar y despejar regularmente tu armario para mantenerlo organizado y funcional. Cada temporada, tómate un tiempo para evaluar cada prenda. Si no te queda bien, si no te la has puesto en la última temporada o si no te hace sentir bien, es hora de dejarla ir. Esta rutina no sólo mantiene tu armario a raya, sino que también lo alinea con tu estilo de vida y tus preferencias actuales. Es una "puesta a punto" periódica del armario para asegurarte de que todo funcione bien en conjunto.

Organizar tu ropa puede mejorar drásticamente tu capacidad para elegir conjuntos rápidamente. Organiza tu armario en secciones basadas en categorías: camisetas juntas, pantalones juntos, vestidos en otra sección, etc. Dentro de estas categorías, puedes organizarlas por colores u ocasiones, según lo que tenga más sentido. Utilizar perchas uniformes para tu ropa da a tu armario un aspecto ordenado y cohesionado y te permite ver todo con claridad. Considera la posibilidad de orientar todas las perchas en la misma dirección y darles la vuelta cuando te pongas una prenda. Este sencillo truco puede ayudarte a saber qué prendas llevas más puestas y a identificar las que quizá deban desaparecer en tu próxima sesión de orden.

Crear un hábito en torno a la donación o el reciclaje de ropa es conveniente para tu armario y bueno para el medio ambiente y los demás. Establece una "estación de donación" en algún lugar de tu casa: una caja o bolsa donde puedas colocar inmediatamente las prendas que decidas eliminar de tu armario. Cuando esté llena, llévala a una tienda de caridad local o a un contenedor de reciclaje de ropa. Esto no sólo evita que tu armario se vuelva a llenar, sino que hace que el proceso de donación sea fácil y rutinario. Para las prendas demasiado gastadas como para donarlas, busca programas de reciclaje textil en tu zona, o piensa en reutilizarlas como trapos de limpieza o para proyectos de bricolaje en casa.

Adoptando estas estrategias, puedes cambiar la forma en que enfocas tu ropa y su almacenamiento, convirtiendo una potencial área de estrés en una de simplicidad y satisfacción. Tu armario se convertirá en una colección de prendas que realmente disfrutas y utilizas, y que reflejan y mejoran tu vida cotidiana.

El Mito de la Multitarea: Enfócate en una Tarea a la Vez

Oh, ¡la multitarea! Es como ese amigo que te promete que puedes tenerlo todo — eficiencia, productividad y maravillas que ahorran tiempo — todo envuelto en la promesa de hacer más cosas más rápido. Sin embargo, para los que padecemos TDAH, la multitarea se convierte a menudo en un malabarismo frenético en el que mantenemos las bolas en el aire el tiempo suficiente para parecer impresionantes antes de que se vengan abajo. Resulta que la multitarea puede no ser la habilidad de superhéroe que creíamos, sobre todo cuando dispersa nuestra atención y deja las tareas a medias.

La verdad es que, aunque la multitarea puede hacerte sentir increíblemente ocupado, a menudo engaña a tu productividad. Para las personas con TDAH que ya tienen dificultades para regular la atención, la multitarea puede exacerbar la sensación de agobio, lo que conduce a una disminución de la productividad y a un aumento de los errores. Es como intentar cocinar una comida gourmet mientras llenas la chequera y enseñas a tu perro a hacer el paso de baile lunar: seguro que algo se quemará, y podría ser tu cerebro. En cambio, centrarte en una tarea a la vez -la monotarea- puede ser todo lo que necesitas. Permite a tu cerebro profundizar sin el constante cambio de enfoque que requiere la multitarea, lo que conduce a un trabajo de mayor calidad y menos fatiga mental.

Técnicas para la Monotarea

Adoptar la monotarea no significa que vayas por el carril lento. Significa que eliges un carril y te ciñes a él hasta llegar a la salida. Una técnica eficaz es la Técnica Pomodoro (mencionada en el Capítulo 2), en la que trabajas en una tarea durante un período determinado (tradicionalmente 25 minutos), seguido de un breve descanso. Este método ayuda a mantener la concentración y garantiza que refresques regularmente tu mente, lo que puede ser especialmente beneficioso para los cerebros con TDAH que se cansan rápidamente con una atención prolongada.

Otra estrategia es aplicar un "marco de tarea". Esto implica empezar conscientemente una tarea preparando tu espacio de trabajo y luego concluirla formalmente
ordenando y revisando lo que has conseguido. Este ritual puede ayudarte a crear
un límite psicológico entre tareas, facilitando el cierre mental y la preparación
para la siguiente tarea. Además, considera la posibilidad de utilizar aplicaciones
o herramientas que bloqueen los sitios web o las notificaciones que te distraigan
durante tus periodos de trabajo enfocado. Esto reduce la tentación de volver a los
hábitos de la multitarea.

Crear un Entorno Propicio

Tu entorno desempeña un papel fundamental en tu capacidad de concentración.
Empieza por despejar tu espacio de trabajo. Un escritorio desordenado puede
conducir a una mente desorganizada, sobre todo para alguien con TDAH. Mantén en tu escritorio lo que necesitas para la tarea que tienes entre manos. Todo lo
demás es una distracción potencial. Una buena iluminación y una silla cómoda
también pueden marcar una diferencia considerable en tu capacidad para mantener la concentración. Considera el ruido ambiental o la música de fondo si el
silencio total te parece demasiado intenso. A veces, un zumbido de fondo puede
ayudar a ahogar ruidos más molestos.

Las ayudas visuales también pueden fijar tu atención. Por ejemplo, tener un reloj
grande y visible puede mantenerte al tanto del paso del tiempo, ayudándote a
respetar los periodos de trabajo y los descansos establecidos. También es útil tener
un bloc de notas para anotar cualquier pensamiento o tarea futura que se te pase
por la cabeza, despejando tu espacio de trabajo mental.

Crear Hábitos de Monotarea

Incorporar la monotarea a tu rutina diaria puede resultar incómodo al principio,
es como intentar escribir con tu mano no dominante, pero se vuelve más natural
con la práctica. Empieza poco a poco. Elige una parte del día o una tarea concreta

para realizar solamente una tarea. Tal vez sea la lectura de tus correos electrónicos o durante una sesión de planificación diaria. Aumenta gradualmente las partes de tu día que se rijan por este enfoque.

La responsabilidad también puede desempeñar un papel importante a la hora de consolidar este nuevo hábito. Comparte tu objetivo de realizar una sola tarea con un amigo, familiar o compañero. Pueden ayudarte a comprobar tus progresos y apoyarte para que te ciñas a una tarea a la vez. Celebra las pequeñas victorias a lo largo del camino: cada tarea individual es un paso hacia la reconfiguración de tus hábitos.

Al adoptar la monotarea, simplificas tu trabajo al tiempo que prestas a tus tareas la atención que merecen. Esta concentración puede conducir a resultados de mayor calidad y a una sensación más profunda de satisfacción en tu trabajo. Entonces, acabemos con el mito de la multitarea y desarrollemos una forma más centrada y productiva de gestionar nuestras tareas, una a una.

Cómo Afrontar la Recaída: Estrategias para Volver al Buen Camino

La recaída, ese baile tan familiar de dar dos pasos hacia delante y uno hacia atrás. Es como tener por fin las especias ordenadas alfabéticamente, sólo para encontrarte al día siguiente la encimera de la cocina enterrada bajo el correo de una semana. Mantener la organización no siempre es un camino de rosas, sobre todo cuando la vida nos depara acontecimientos imprevistos o cuando entran en juego rasgos del TDAH como la distracción o la impulsividad. Pero aquí está el truco: recaer no significa fracasar. Simplemente forma parte del proceso, y volver al buen camino está totalmente a tu alcance.

Reconocer los Primeros Signos

El primer paso para superar la recaída es detectar esos resbalones antes de que se conviertan en caídas libres. Esto significa estar atentos a las primeras señales de alarma. Tal vez hayas empezado a pasar por alto tu rutina habitual de orden nocturno, o tu sistema de archivo parezca más bien una jungla de papeles. Estos pequeños cambios pueden ser fáciles de ignorar, pero a menudo son precursores de problemas más importantes. Si los detectas de forma temprana, podrás ajustar tus estrategias o rutinas antes de que las cosas se pongan demasiado revueltas. Considéralo como tu radar organizativo; cuanto antes detectes las alteraciones, antes podrás recalibrar y evitar contratiempos mayores.

Reformular los Contratiempos

Hablemos ahora de replantearte los contratiempos. Es fácil caer en la autocrítica cuando las cosas se tuercen; créeme, yo he pasado por eso. Pero, ¿qué pasaría si viéramos estos contratiempos como oportunidades de crecimiento y no como signos de fracaso? Este cambio de perspectiva puede ser increíblemente fortalecedor. Cada contratiempo ofrece información valiosa sobre lo que funciona y lo que no, ayudándote a afinar tus estrategias. Por ejemplo, si observas que tu escritorio empieza a acumular desorden cuando te saltas tu sesión semanal de limpieza, este contratiempo te enseña la importancia de esa rutina para mantener el orden. Acepta estas lecciones, ajusta tu enfoque y recuerda que todas las personas de éxito que conoces se han enfrentado a contratiempos y los han superado. Estás en buena compañía.

Plan de Recuperación Paso a Paso

Volver al buen camino puede ser un proceso positivo. Empieza con pasos pequeños y manejables. En primer lugar, reajusta tu entorno. Si tu escritorio está desordenado, dedica algo de tiempo a limpiarlo. Esta limpieza física también puede ayudar a despejar tu desorden mental, facilitando la concentración en los siguientes pasos. A continuación, revisa tus sistemas de organización. ¿Siguen siendo efectivos para ti o deberías retocarlos? A veces, lo que funcionaba bien unos meses atrás puede ser menos eficaz debido a cambios en tu rutina o prioridades. Ajústalos según sea necesario.

Luego, reconstruye gradualmente tus rutinas. Si has abandonado el hábito de planificar tu semana cada domingo, reintroduce esta práctica, quizás de forma más simplificada. A medida que estos pequeños pasos vuelvan a ser habituales, recuperarás la confianza y el impulso, y te resultará más fácil mantener tus logros organizativos.

Buscar Apoyo Cuando Sea Necesario

Recuerda que no tienes que pasar por esto solo. Busca apoyo -de amigos, familiares o incluso profesionales- que puedan darte ánimos y ayudarte a rendir cuentas cuando te resulte difícil seguir por el buen camino. Un amigo podría ayudarte a organizar tu espacio de trabajo, haciendo la tarea menos desalentadora y más agradable.

También puedes considerar la posibilidad de unirte a un grupo de apoyo en el que puedas intercambiar consejos y encontrar el aliento de otras personas que comprenden los retos que supone mantenerse organizado mientras se padece TDAH. A veces, saber que otros experimentan luchas similares y se enfrentan a obstáculos parecidos puede ser muy reconfortante y motivador.

Este capítulo sirve como recordatorio de que nuestros tropiezos ocasionales y el desorden que podamos acumular no nos definen. Lo que nos define es nuestra resiliencia: cómo afrontamos estos retos y seguimos adelante, armados con nuevas estrategias y percepciones. Así que, toma estas herramientas, adáptalas a tu vida y sigue avanzando, reorganizando un espacio a la vez.

A medida que nos acercamos al final de este libro, recuerda que la organización es un proceso dinámico, no un destino. Se trata de encontrar lo que te funciona, adaptarte a los cambios y recuperarte cuando las cosas no salen como habías planeado. Con las estrategias que hemos explorado, estarás bien equipado para manejar los altibajos de este proceso, convirtiendo los posibles contratiempos en peldaños.

7
Conclusión

"La práctica hace lo permanente."

— Donald Watkinds

Al concluir este viaje juntos a través de las páginas de TDAH, Organización y Limpieza Efectiva, quiero dedicar un momento a reflexionar sobre las estrategias innovadoras y eficaces que hemos explorado. Desde el poder de la limpieza en 10 minutos hasta el aprovechamiento de tu hiperfocalización y eludir la tentación de procrastinar, hemos adaptado cada enfoque para que se ajuste a la configuración única de la mente con TDAH. Recuerda, el objetivo es reconfigurar la forma en que interactúas con tu espacio y organizar tus tareas de forma natural y estimulante.

Comprender el espectro del TDAH y su impacto en la organización es crucial. El TDAH no consiste solo en ser un poco desorganizado o distraído. Implica atributos neurológicos complejos que influyen en tu forma de ver e interactuar con el mundo. Al adoptar este conocimiento, podrás abordar tus desafíos organizativos con más empatía hacia ti mismo y con estrategias diseñadas para trabajar con tu cerebro, no contra él.

Uno de los aspectos más empoderadores de este libro es que se centra en transformar los desafíos relacionados con el TDAH en fortalezas. Al desarrollar nuevos hábitos y aplicar sistemáticamente las estrategias sencillas y rápidas que hemos comentado, no solo estarás ordenando tu vida, sino que estarás construyendo una base para la resiliencia y el alivio del estrés a largo plazo. Estas estrategias pueden remodelar tu relación con la organización, ofreciéndote un futuro más brillante y manejable.

Si hay algo que espero que aprendas, es el poder de los pasos pequeños y constantes. Los progresos en la organización y limpieza con TDAH son más eficaces cuando se dividen en tareas manejables y concretas. Comienza con una sola estrategia de este libro —tal vez la limpieza de 10 minutos o la creación de un tablero visual de tareas— y comprométete a llevarla a cabo durante una semana. Observa qué cambios ocurren en ti, tanto mentales como físicos.

Y mientras avanzas, mantén una mentalidad optimista e indulgente. Los contratiempos son solo parte del viaje. Ellos no marcan tu rumbo: tú lo haces. Mantén esa actitud optimista y positiva, y recuerda que cada pequeño paso es una pieza del rompecabezas para crear una vida más tranquila y organizada. Recuerda ser amable contigo mismo a lo largo del camino, comprendiendo que este viaje es único y personal. Por encima de todo, recuérdate que el progreso es más importante que la perfección.

Tu viaje y tu transformación son únicos y valiosos. Tanto si tus éxitos te sorprenden como si los desafíos te enseñan algo nuevo, tu historia puede inspirar y animar a otros que sigan un camino similar. Al compartirla, contribuyes a una sabiduría colectiva que puede beneficiar a todos y a construir una comunidad de apoyo y comprensión, reconociendo la importancia de tus experiencias.

Al cerrar este libro —literal y metafóricamente— quiero dejarte con un mensaje de empoderamiento. Dispones de las herramientas y estrategias para transformar tus espacios vitales, elevar tu función ejecutiva, reducir la ansiedad y aumentar tu confianza en todos los ámbitos de tu vida. Sin embargo, es importante recordar que la organización y la limpieza con TDAH son un camino continuo de descubrimiento y adaptación. Si alguna vez empiezas a sentirte abrumado o paralizado por la indecisión, no dudes en buscar ayuda. Siempre puedes volver a visitar estas páginas para recibir una inyección de moral rápida, ponerte en contacto con un amigo o pedir ayuda a un profesional.

Por último, debes saber que no estás solo en esto. Mi experiencia personal y los desafíos que he enfrentado al organizar y manejar mi espacio, exacerbados por mi TDAH, me inspiraron a escribir este libro. He vivido la frustración de sentirme abrumada por el desorden y la alegría de encontrar estrategias que funcionan para mí. Algunos días son mejores que otros, pero he aprendido a recuperarme de mis contratiempos y a celebrar mis triunfos, por pequeños que sean. Con los años, he hecho algo más que poner orden: he preparado el terreno para una vida más centrada y plena. Y tú puedes hacer lo mismo.

Sigue avanzando, sigue adaptándote y recuerda que cada día es una nueva oportunidad para convertir los desafíos en victorias. Sigamos creando espacios que nos inspiren y estrategias que nos empoderen. ¡Avanza y conquista... ¡Confío en ti, tú puedes lograrlo!

Tu Opinión Cuenta: Contribuye con Tu Reseña

Si disfrutaste del libro, ¿podrías hacerme un

GRAN FAVOR?

Tómate una selfie con el libro y inclúyela en tu reseña en Amazon, o compártela en las redes sociales.

Dediqué mucho tiempo y esfuerzo a escribir este libro, ¡y significaría el mundo para mí ver tu sonrisa sosteniéndolo! Las fotos creativas que muestren la portada y el interior del libro también son bienvenidas y muy apreciadas.

¡Muchísimas gracias!

Referencias

@BrianWT. (2023, 30 de junio). *Atajo Pomodoro de Apple Music*. Comunidad educativa de Apple. https://education.apple.com/resource/250011467

ADDA - Asociación para el Trastorno por Déficit de Atención. (2024, 4 de abril). *Hiperfocalización del TDAH: El arma secreta para liberar la productividad y la creatividad.* https://add.org/adhd-hyperfocus/

Bailey, E. (2024, 1 de abril). *Nacidos así: Historias personales de vida con TDAH.* ADDitude. https://www.additudemag.com/adhd-personal-stories-real-life-people-living-with-adhd/

Beneficios para la salud mental del orden. (2024, 25 de febrero). WebMD. https://www.webmd.com/mental-health/mental-health-benefits-of-decluttering

Bettino, K. (2021, 24 de mayo). *9 consejos para crear una rutina para adultos con TDAH.* Psych Central. https://psychcentral.com/adhd/9-tips-for-creating-a-routine-for-adults-with-adhd

Cómo establecer prioridades. (s.f.). ADDitude. https://www.additudemag.com/category/manage-adhd-life/getting-things-done/prioritizing/

Cornetta, M. (2022, 1 de septiembre). *Soy organizadora profesional con TDAH: Así es como me organizo (y me mantengo).* https://www.apartmenttherapy.com. Obtenido el 16 de mayo de 2024, dehttps://www.apartmenttherapy.com/professional-organizer-adhd-home-organized-37127150

Cuzzone, K. (2023, 22 de agosto). *11 consejos de organización por los que juran las personas con TDAH.* Wondermind. https://www.wondermind.com/article/adhd-organization/

Editores de ADDitude. (2022, 13 deabril). *Por fin, apps que crean hábitos productivos.* ADDitude. https://www.additudemag.com/slideshows/best-time-management-apps-for-adhd/

Fsep, A. D. P. F. F. F. (2024, 15 dejulio). *Cómo agudizar las funciones ejecutivas: Actividades para perfeccionar las habilidades cerebrales.* ADDitude. https://www.additudemag.com/how-to-improve-executive-function-adhd/

grouport. (s.f.). *Comprender la ansiedad por desorden del TDAH: Causas, síntomas y estrategias para afrontar la ansiedad. Revista Grouport.* Grouport. https://www.grouporttherapy.com/blog/adhd-clutter-anxiety#:~:text=People%20with%20ADHD%20clutter%20anxiety,exacerbating%20the%20clutter%20and%20anxiety

Harris, A. (2024, 3 de mayo). *Dentro del cerebro del TDAH: Estructura, función y química.* ADDA - Asociación de Trastorno por Déficit de Atención. https://add.org/adhd-brain/#:~:text=One%20of%20the%20most%20significant,are%20both%20linked%20to%20ADHD

Hidlebaugh, E. (2024, 27 de marzo). *TDAH - Consejos, ideas y trucos para organizar el hogar - Minimiza mi desorden.* Minimize My Mess. https://www.minimizemymess.com/blog/adhd-home-organization-hacks

Hohenadel, K. (2023, 5 de julio). *20 ideas de almacenamiento DIY para organizar un espacio pequeño por menos.* The Spruce. https://www.thespruce.com/diy-storage-ideas-to-organize-a-small-space-7546238

Hurst, M. (2023, 4 de agosto). *Los expertos en organización apuestan por el método de la "mudanza": Yo lo he probado y funciona de verdad.* homesandgardens.com .https://www.homesandgardens.com/solved/move-out-decluttering-method

Kolberg, J. (2023, 29 de noviembre). *33 Maneras fáciles de organizarse para el TDAH*. ADDitude. https://www.additudemag.com/how-to-get-organized-with-adhd/

Limpieza con TDAH: 7 consejos realistas para cerebros neurodivergentes. (s.f.). https://www.getinflow.io/post/cleaning-tips-for-adhd-adults

Los mejores dispositivos domésticos inteligentes para 2024. (2024, 10 de julio). PC Mag. https://www.pcmag.com/picks/the-best-smart-home-devices

Lpp, M. D. M. (2021, 10 de agosto). *12 Maneras de resistir las compras impulsivas: Los secretos de las compras del TDAH*. ADDitude. https://www.additudemag.com/impulse-buying-money-problems-adhd-adults/

Marie Kondo te enseña a organizar tus cajones. (2018, 27 deenero). [Video]. NBC News. https://www.nbcnews.com/better/pop-culture/why-20-10-method-will-change-way-you-clean-your-ncna840211

Moko Smart. (2023, 26 de junio). *Cómo elegir entre 11 tipos de tecnologías de seguimiento de activos*. mokosmart.com. Obtenido el 16 de mayo de 2024, dehttps://www.mokosmart.com/asset-tracking-technologies/

Montijo, S. (2022, 16 de mayo). *Cómo ordenar y despejar: Consejos cuando tienes TDAH*. Psych Central. https://psychcentral.com/adhd/ways-to-clear-out-clutter-when-you-have-adhd

Mph, Z. S. (2021, 20 de septiembre). *Lo que hay que saber sobre el TDAH y la procrastinación*. https://www.medicalnewstoday.com/articles/adhd-procrastination

Murphy, S. (2023, 19 de mayo). *¡5 consejos para ayudarte a ordenar!* simplliving-co. https://www.simplliving.co/post/5-tips-to-help-you-declutter

Organización doméstica. (s.f.). ADDitude. https://www.additudemag.com/category/manage-adhd-life/home-organization/

Pcc, L. R. (2024, 20 de febrero). *Cómo ordenar con un cerebro con TDAH: Soluciones de organización para la vida real*. ADDitude. https://www.additudemag.com/slideshows/how-to-declutter-adhd/

PharmD, R. S. (2022, 28 de febrero). *¿Cómo afecta el TDAH a la toma de decisiones? Más 8 consejos que pueden ayudar*. Psych Central. https://psychcentral.com/adhd/adults-adhd-tips-to-make-good-decisions

Prominski, J. (2023, 10 de noviembre). *Desorden digital para el TDAH*. Seattle Sparkle | Professional Home Organization Services | Seattle, WA. https://seattlesparkle.com/digital-decluttering-for-adhd/

PsyD, S. S. (2023, 7 de febrero). *La matriz Eisenhower para la toma de decisiones en el TDAH*. ADDitude. https://www.additudemag.com/download/eisenhower-matrix-adhd-prioritization/

Schlichter, S. (2024, 22 de abril). *Las mejores aplicaciones y plantillas de inventario doméstico*. NerdWallet. https://www.nerdwallet.com/article/insurance/home-inventory-app-template

Siddharth. (2023, 11 de octubre). *Cómo hiperfocalizarse con TDAH*. Akiflow. https://akiflow.com/blog/hyperfocus-with-adhd/

Sissons, B. (2023, 30 de mayo). *¿Qué es la disfunción ejecutiva en el TDAH?* https://www.medicalnewstoday.com/articles/adhd-executive-function

SpaceWise. (2024, 22 de enero). *Tu guía minimalista para despejar y organizar el hogar*. Extra Space Storage. Obtenido el 16 de mayo de 2024, de https://www.extraspace.com/blog/home-organization/minimalist-guide-to-home-decluttering-organizing/

Tivers, E. (2024, 8 de abril). *25 fantásticas aplicaciones móviles para mentes con TDAH*. ADDitude. https://www.additudemag.com/mobile-apps-for-adhd-minds/

Woodruff, L. (2020, 19 de octubre). *Los archivadores no sirven para las mentes con TDAH: Ayuda para los pilares del papel.* ADDitude. https://www.additudema g.com/how-to-organize-paperwork-adhd-clutter/

Imágenes

Acea, A. (2018, 7 de julio). *Fotografía plana de reloj, smartphone, control del coche y caja.* Unsplash. https://unsplash.com/photos/flat-lay-photography-of-watch -smartphone-car-fob-and-box-Nm5MnMNxAK4

Boulden, M. (2020, 15 de noviembre). *Papeles blancos de impresora sobre mesa de cristal transparente.* Unsplash. https://unsplash.com/photos/white-printer-pa pers-on-clear-glass-table-X0G0MqtecWI

Diarios, P. (2019, 23 de septiembre). *Una persona escribiendo en libro.* Unsplash. https://unsplash.com/photos/person-writing-on-book-I9S4S6Wpl9M

Du Preez, P. (2022, 15 de junio). *Una pila de ropa.* Unsplash. https://unsplash .com/photos/a-row-of-clothes-uEDvD3dmSNk

Flow, S. (2023, 18 de septiembre). *Una mujer sostiene un imán en una cocina.* Unsplash. https://unsplash.com/photos/a-woman-is-holding-a-magnet-in-a-ki tchen-MRyNVbFc4nQ

Fonseca, W. (2022, 3 de agosto). *Una mano tendida hacia el cielo.* Unsplash. https://unsplash.com/photos/a-hand-reaching-out-to-the-sky-pDEAjCOb6Cg

Glenn, K. (2018, 31 de mayo). *Un bolígrafo retráctil negro sobre un libro abier-to junto a una taza de café roja y blanca con estampado "Go Get 'Em".* Un-splash. https://unsplash.com/photos/black-retractable-pen-on-opened-book-b eside-red-and-white-go-getem-printed-coffee-cup-_AR74EoWdy0

HiveBoxx. (2020, 3 de febrero). *Mujer con jersey rosa de pie junto a un armario de cocina de madera marrón.* Unsplash. https://unsplash.com/photos/woman-in -pink-sweater-standing-beside-brown-wooden-kitchen-cabinet-bLSe4JO5YF4

Hutter, R. (2020, 13 de septiembre). *Calibrador analógico en blanco y negro.* Unsplash. https://unsplash.com/photos/black-and-white-analog-gauge-xLs4X SQmxtE

Huyen, N. N. K. (2024, 21 de marzo). *Un libro abierto con escritura junto a unas tijeras.* Unsplash. https://unsplash.com/photos/an-open-book-with-writi ng-on-it-next-to-a-pair-of-scissors-UB6GfvGmxh0

Malaniy, T. (2021, 4 de abril). *2 tarros de cristal transparente en una estantería* blanca. Unsplash. https://unsplash.com/photos/2-clear-glass-jars-on-white-she lf-ErOdIrDA6b0

Strohmann, A. (2019, 25 de mayo). *Zapatos de combate negros.* Un-splash. https://unsplash.com/photos/black-combat-shoes-Af3GEg0DMEwcN -comvat-zapatos-Aw3~Ef0DPEb

Vlasova, Antonina. (2021, 30 de septiembre). *Fiambrera con sándwich, frutas, verduras, mezcla de frutas secas y botella de agua.* Freepik. https://www.freepik.com/premium-photo/food-drink-still-life-diet-nu-trition-healthy-eating-take-away-concept-lunch-box-with-sandwich-fruits-veg-etables-nut-mix-bottle-water_18981432.htm#fromView=search&page=4&posi-tion=19&uuid=e5cb58ba-4e2d-4e53-81c2-73970ee00387&query=meal+prep

www.ingramcontent.com/pod-product-compliance
Lightning Source LLC
Chambersburg PA
CBHW071155120626
46546CB00006B/2283